「東大読書」㊙テクニック！

読書中に書いた「付箋」は、ここに貼って何度も見直そう

「読む力」と「地頭力」がいっきに身につく

東大読書

現役東大生
西岡壱誠
Issei Nishioka

東洋経済新報社

はじめに——偏差値35だった僕を変えてくれた「東大読書」

「地頭力」は「本の読み方」を変えるだけで鍛えられる

みなさんは、「地頭力」って鍛えられると思いますか?

「地頭力」とは、**「素の頭の良さ」「自分で考える力」**のこと。

「地頭」がいい人は、さっと本質をとらえたり、論理展開がクリアだったり、物事を多面的にとらえたり、知識を使いこなせたり、複雑なことを一言で説明できたりするわけですが、これって自分の努力で鍛えられるものなのでしょうか?

「地頭」がいい人間の代表例として、多くの人は「東大生」を思い浮かべると思います。東大生って、小学校のころから頭が良くて、偏差値の高い中学・高校でも成績トップクラス、はじめから「地頭」が良かった人ばっかりなイメージがありますよね。

ということは、「地頭」は元から決まっている、強化できないものなのでしょうか?

いいえ、違います。

実は「地頭」は、**本の読み方を変えるだけで鍛えられる**ものなのです。

申し遅れましたが、僕の名前は西岡壱誠と言います。小学校のころから頭が悪くて、高校の合格ラインは偏差値50。歴代東大生輩出数0人という無名校の学年ビリで、**高3のときの偏差値は35**でした。

読む本といえば漫画やライトノベルばかりで、小説すらまともに読んだことのない人間でした。

そんな僕はある日、何を思ったのか東大を目指すことにしました。

「このままじゃいけない!」「努力して東大に合格してやろう!」と考えたのです。

結果は、散々でした。

箸にも棒にもかからず不合格になり、浪人してもう1年間みっちり勉強したはずなのにまったく成績が上がらず、2度目の不合格通知を受け取りました。**あっという間に2浪し**てしまったのです。

「ちゃんと勉強しているはずなのに、どうして合格できないんだろう?」

「やはり自分は地頭が悪いんだろうか?」

そう考えた僕は、東大の入試問題をくわしく分析してみることにしました。「どうやったらこの問題を解けるようになるんだろう?」と。

すると、ある事実に気づきました。

東大は**いくらがんばって「知識の量」を増やしても合格できない大学**だったのです。

というのは、東大には知識問題がほとんどありません。知識の量はあまり必要ない代わりに、**最低限の知識を「うまく活用」できないと解けない問題**がたくさん出題されています。

東大は、知識の量ではなく、**「知識の運用能力」**、つまりは**「自分で考える力」をとても重視する大学**です。入試問題もそのように作られていますし、入学した後にも「自分で考

3週間続ければ一生が変わる

本書のページ下欄外では、僕がこれまで読んで「特にオススメ!」と思った本を紹介したいと思います。1冊目は『3週間続ければ一生が変わる』。習慣術について書かれた本ですが、さまざまな偉人の名言を引用しながら、自分の説というよりは人類の根本的な考え方・叡智を紹介していて、非常に面白かった。今でも頻繁に読み返して、「この偉人の言葉ってやっぱり正しいよな」とか考えたりします。

ロビン・シャーマ著　海竜社

える力」を鍛える授業がたくさん存在します。つまり、**ただ教科書を読んで知識を自分のものにするだけでは合格できない**ようになっているのです。

そうして僕は気づきました。

「そうか。**『知識を増やす』勉強ではなく、『考える力』を身につける**必要があるんだ！」

知識量だけでは絶対に合格できない大学だというのならば、知識の使い方・自分で考える力を鍛える必要があると気づいたのです。

受け身の読書から「能動的な読書」へ

そこで僕は、**「教科書や参考書の読み方」**から変えてみることにしました。

きちんと知識を得るだけではなく、**「考える力」を鍛える**ことも目標に読むようにしたのです。

そのためにやったのは、**「本と徹底的に議論する」**ということでした。受動的に本を読むのではなく、**能動的に、自分の頭で考えながら、「どうしてこういう風になるのだろう**

か？」「これは本当にそうなんだろうか？」と、本と会話するつもりで読むようにしたのです。

するとどんどん「本を読み込む」ということができるようになっていき、同時に**得た知識を使う力、つまりは「地頭」も鍛えられてきました。**「知識」を得るだけではなく、**「その知識を運用する力」**を得ることができるようになったのです。

その結果、みるみるうちに成績が上がっていき、気がついたときには**東大模試で全国第4位になって、東大に合格**していきました。

東大生はみんな「能動的な読書」をしていた

そうやって東大に入り、今、僕は東大で45年続く書評誌『ひろば』の編集長として、多くの東大生の読書に関わっているのですが、東大に入って驚くべきことを発見しました。

なんと、**周りの東大生たちもみんな、僕が発見したのと同じような読み方をしていた**のです。しかも教科書や参考書だけでなく、普段の読書から！

東大生はみんな、さっと本質をとらえたり、論理展開がクリアだったり、物事を多面的にとらえたり、知識を使いこなせたり、複雑なことを一言で説明したりすることができま

知性の磨きかた

「勉強したら頭が良くなる」とは言うけれど、「頭の良さ」ってなんだろう？「知性」ってなんだろう？　そんな疑問を持った浪人生時代に読んだ本です。そもそも知性とはどうあるべきなのかという疑問に対する解答が得られて、面白かったです。

林望著　PHP研究所

す。

いったいどうやってこの力を得ているのか、僕は疑問でならなかったのですが、**なんと**
この読書術の成果だったのです！

ということは、です。

「地頭力」というのは、どんな人でも「本の読み方」を変えるだけで鍛えられるものなんです。地頭のいい東大生は、**「本の読み方」が人と違うだけ**なのです。

そして、「地頭力」を鍛えるためには、大前提としてまずきちんと本を読むことができなければなりません。「本を読み込む力」が必要です。これも実は、東大生の読み方なら簡単に得られる力なのです。

この本では、**「本を読み込む力」と「地頭力」とを同時に鍛える読書術**を徹底的に紹介します。

『東大読書』というタイトルだから、ハードルが高いものなのでは？　と思う人もいるかもしれませんが、大丈夫です。**偏差値35だった僕でもできた本の読み方**です。どんな人でも実践できますし、どんな人でも「地頭力」を鍛えることができます。

あなたも、「東大読書」で本の読み方を変えて、世界を劇的に変えてみましょう！

東大読書
Point 1

本の読み方を変えるだけで、「地頭力」と「本を読み込む力」がいっきに身につく！

本と、とことん議論する

さて、具体的に、東大生はどのようにして「本を読み込む力」と「地頭力」とを鍛えているのでしょうか？

東大生といっても1学年約3000人もいますから、全員に共通していることというのは少なそうですね。でも、東大生には全員に当てはまる、ある法則があります。

それは、**東大生は何事においても「受け身」を嫌う**ということです。

たとえば本を読んでいるときに、僕たちは本に書いてある内容に「へえ、なるほど、そうなのか」とすぐ納得してしまいがちです。著者の意見を、「受け身」的にそのまま受け入れてしまうのです。

しかし、**東大生は違います**。東大生の読書は、「へえ、なるほど、そうなのか」では終わらせず、「えっ、それはなんでなんだろう？」「それって本当かな？」「こういう意見に対してはどういう反論をするのだろう？」と**「能動的に」**読書をします。

読み終わった後も、感想を友達と語り合ったり、自分の意見をぶつけたりすることが大好きです。そこから議論や考察を深めたりと、**とことん本と「議論」する読み方**をしているのです。

この**「能動的に」**というのが1つのキーワードです。

受動的な読み方では本の内容が頭に入りにくい。きちんと能動的に、次にどういう展開が来るのか、なんで著者がその話をしているのかを考えながら読んだほうが、本の内容を理解しやすいのです。そうすることで、**「本を読み込む力」は鍛えられます**。

また、受動的な読み方では、自分で考えることにはつながりません。きちんと能動的に、「この意見にはどのような反論があるのだろう？」「自分だったらどういう結論を出すだろう？」と自分で考えていくことで、**「地頭力」が鍛えられる**のです。

東大生は、**受動的に本を読むのではなく、本と対話・議論しながら、能動的に本を読みます**。だからこそ、**「知識を自分のものにして、同時に地頭力も身につける」**ことができるのです。

本書で鍛えられる5つの力

しかし、いきなり「本を能動的に読もう！」と言われても難しいですよね。どうすれば本と対話できるのか、まだわからないという人がほとんどだと思います。

そこで、PART1では**「どうすれば本を能動的に読むことができるのか」**をみなさんに余すところなくご紹介したいと思います。

難しい文章でもきちんと理解し、かつ「読み込む力」と「地頭力」を鍛えるというのは、絵空事のように聞こえるかもしれません。「ぼやっとしてて難しそうだな」と思われるかもしれません。

しかし、**何の心配もいりません**。この**2つの力をつけるために必要な、具体的な「5つの力」**を、PART1でSTEPごとにご紹介していきます。5つの力を、STEPごとに身につけられるようになっているのです。

荒巻の新世界史の見取り図

世界史の参考書として販売されている本ですが、今でも読み返すくらい知的に面白い本です。世界史の教科書を読んでいてもまったくわからなかった「裏側」を教えてくれて、世界史の勉強がとても楽しくなる上に、知的好奇心をそそられます。
荒巻豊志著　ナガセ

1つ目は**「読解力」**。素速く、かつ正しく文章の内容を理解し、文章を読み込んで理解する力です。これはSTEP1で身につけることができます。

2つ目は**「論理的思考力」**。より深くその文章を理解し、論理の流れがクリアに追えるようになる力です。これはSTEP2で身につけることができます。

3つ目は**「要約力」**。他人に説明しやすい形に噛み砕く力です。これはSTEP3で身につけることができます。

4つ目は**「客観的思考力」**。さまざまな視点からの意見、多角的なモノの見方を持つための力です。これはSTEP4で身につけることができます。

5つ目は**「応用力」**。得た知識を他のところにも活かせるように、自分のものにする力です。これはSTEP5で身につけることができます。

この5つの力を、PART1全体で身につけることができます。

図表1　東大生が持っている2つの力と、それを支える5つの力

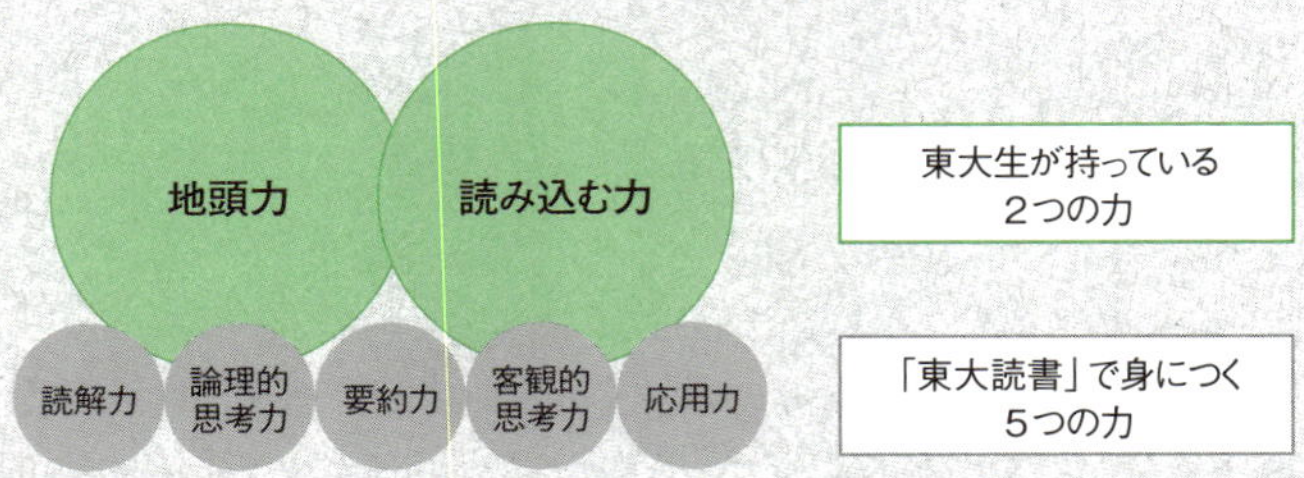

能動的に本を読むテクニックで5つの力を身につけて、**東大生が持っている「地頭力」と「読み込む力」の両方を身につける**ことができるようになるのです。

そしてPART2では、**「どのように本を選んだらいいか」**をご紹介します。読み込む力と地頭力を同時に鍛えられるような、**その時々に合った本の選び方**がわかるようになります。

さらに、ページ下の欄外では、**僕が特にオススメする本**をコラム的にご紹介します。

そうやってこの「東大読書」を身につければ、僕が偏差値35から東大生になれたように、**読書の質を高める**ことができます。

もう**「難しくて読めない！」**と悩むことも、**「読んだ内容をすぐに忘れてしまう」**と悲しむことも、**「読んだのに身にならない！」**と嘆く必要もありません。

この「東大読書」を実践して、ぜひ読書の質を極限まで高めてみてください！

東大読書
Point 2

「地頭力」と「読み込む力」は、「5つの読み方」で鍛えられる！

目次

STEP 2

取材読みで「論理の流れ」がクリアに見える

——東大生は「読者」ではなく「記者」になる

STEP 3

整理読みで難しいことも「一言」で説明できる

——東大生は立ち止まりながら読む……102

Like
Dislike

THE UNIVERSITY
OF TOKYO
READING TECHNIQUES

PART
1

地頭が良くなる「東大読書」の5ステップ

THE UNIVERSITY OF TOKYO READING TECHNIQUES

STEP 1

仮説作りで「読み込む力」が劇的に上がる

——東大生は「読み始める前」に考える

1 「読み始める前の準備」で、読解力は劇的に上がる！

本を読む前に、やることがある

ではいよいよ、具体的に「読み込む力」が鍛えられる読書術を紹介していくのですが、まず紹介するのは読み方ではありません。

実は、**「東大読書」は、読む前から始まっている**のです！

「えっ、読む前にやらないといけないことって、何かあるかな？」
「読む前の準備よりも、『読み方』のほうが重要なんじゃないの？」

そんな風に考える方もいるでしょうが、これは大きな間違いです。

実は、**読む前に一手間加えることで、読書の効果が何倍にもなる**のです！

・読めない原因の9割は「準備不足」

たとえばみなさんの中には、「本の内容がなかなか頭に入ってこない」とか、「文章を読むのが遅い」という人も多いと思います。そういう人の多くは、「自分の読み方が悪いのではないか？」「自分には読解力がないのではないか？」と考えていると思いますが、実は違います。

「本や文章が読めない問題」の原因の9割は、「準備不足」なんです！

「準備不足」ということを証明するために、1つ文章を用意しました。

この文章を読んで、「これを書いた人が何を言いたいのか」を考えてみてください。

昨今はＬＩＮＥによるコミュニケーションが主流になり、若者はみなＬＩＮＥをするようになりました。指1本、タップ1つで自分の感情を表現できるようになったのです。笑いも怒りも、彼らはタップ1つで表現します。

コミュニケーションというのは元来、ボディーランゲージやフェイシャル・エクスプレッション、語気や雰囲気も全部含めてコミュニケーションだったはずです。それがタップ1つで表現できるというのは、良いことなのでしょうか？　悪いことなのでしょうか？


いかがでしょう。ちょっとわかりづらいですよね？「ボディーランゲージ」とか「フェイシャル・エクスプレッション」とか、よくわからないカタカナ語が使われていて、なかなか内容が頭に入って来にくいです。

また、「良いことなのでしょうか？　悪いことなのでしょうか？」で終わっているので、結局これを書いた人がＬＩＮＥに対してどういう想いを持っているのか、ちょっとよくわからないですよね。

これは、**良い読み方をする人だろうが悪い読み方をする人だろうが、読解力があろうがなかろうが関係なく、何が言いたいのか理解しにくい文章**だと思います。理解しにくいから当然、**読むスピードも遅くなります**。

・「準備」をすれば、いっきに簡単に読めるようになる!

しかし、もしこの文章に「最近の若者はなぜ、コミュニケーションが不得手なのか」というタイトルがつけられていたらどうでしょうか?　またはこの文章が書いてある本の帯に、「徹底解説!　なぜ最近の若者はコミュニケーションが下手なのか?」と書かれていたらどうでしょうか?

「あ!　これを書いている人は、最近の若者がコミュニケーションが不得意になった理由の1つが、LINEだと考えているんだな!」とすぐにわかりますよね?　どんなに難しい言葉が使われていようが、「良いことなのでしょうか?　悪いことなのでしょうか?」と書いてあろうが、「LINEは悪いものだと考えているに違いない」と一瞬で理解できるはずです。

ただ、**「タイトルを読んでいるかどうか」**。

世界一訪れたい日本のつくりかた

帯やタイトルにさまざまな情報が含まれているため、読み始める前に「この本に書いてあること」がわかりやすい1冊です。内容もとても面白いのでオススメです!

デービッド・アトキンソン著　東洋経済新報社

ただ、**「本のカバーや帯の言葉をきちんと読んでいたかどうか」**。そんな些細なことで、この文章が「読みやすいかどうか」が分かれてしまうのです。

東大読書
Point 3

「本や文章が読めない問題」の原因の9割は、「準備不足」。

東大生は「読解力」があるわけではない

「東大生はみんな、地頭が良くて読解力があるから、文章がきちんと読めるのだろう」
「文章がきちんと読めるかどうかって、才能だよね」

そんな言葉をよく耳にしますが、実はこれはまったくの間違いです。
たとえば東大生はたしかに、他の学生よりも国語の入試問題で高得点を取ることができます。しかしこれは、**単に才能があるから読めるとか、地頭が良いから読めるということ**

ではないんです。

・東大生は、「読解力」ではなく「ヒントを探す力」がある

東大生の多くは、国語の長文読解問題が出題されたら、長文には目もくれず、まず真っ先に「問題文」を見ます。なぜなら、**問題文の中にはその長文の内容を問う問題がずらっと並んでいる**ので、ここから**その長文の内容をおおよそ把握することができる**からです。

また、東大生はみな、文章を読む前に**文章のリード文や文章のタイトル**などもチェックします。

こうして**「文章の外のヒント」**を吸収しておけば、文章のおおよその内容を想像することができます。ある程度本を読んでいれば、「ああ、これと同じような内容を他の文章で読んだことがあるな」「このテーマについて書かれた文章なら前に読んだことがあるぞ！」と、まったく新しい文章であっても、過去に読んだ文章の内容と関連させることができます。

こうして、**東大生は多くのヒントがある状態で文章を読み始めます**。どういう内容が文章の中に盛り込まれているのかをあらかじめ理解できている状態で文章を読んでいるのですから、素速く、かつ正しく読解できないはずがないのです。

「読み方」や「読解力」以前の問題で、**「文章の外からヒントを得る力」が理解度とスピードを左右する**のです！

・「読解力」と「ヒント探し」の力を試す実験

まだ信じられないという人は、書店に行って、こういう実験をしてみてください。

1　表紙もタイトルも何も見ないで、1冊本を選んでみる
2　その本のページをペラペラめくって、真ん中あたりのページを適当に開く
3　そのページの内容が理解できるかどうかをチェックする
4　3で理解できなかったら、カバーや帯に書いてある文を読んだ上でもう一度そのページを読み直してみて、理解できるかどうかをチェックする

この実験、ほとんどの人は「3」の段階ではまったく理解できないと思います。

東大生にも同じ実験をしてもらいましたが、実験に協力してくれた東大生は全員、3の

段階では「理解できなかった」と答えました。しかし、彼らに「4」と同じことをしてもらうために「その本のカバーと帯を見てもいいよ」と言ったところ、ほとんど全員が「今度は理解できた」と言いました。

このように、**東大生が文章を素速く、かつ正しく読解できるのは、「読む力」が優れているのではなく、「文章の外からヒントを得る力」があるから**なんです。

その本の内容を素速く、かつ正しく理解できるか理解できないかは、「どうやって読むのか」という「3」の段階が重要なのではなく、**「その本を読むためのヒントが適切に得られるか」という「4」の段階が重要**なのです。

では、具体的にどのように「ヒント」を探すのでしょうか？　そのための方法を、これからご説明していきます！

東大読書
Point 4

東大生が文章を素速く、かつ正しく読めるのは、「読む力」が優れているからではなく「文章の外からヒントを得る力」があるから！

仕事で必要な「本当のコミュニケーション能力」はどう身につければいいのか？

疑問がそのままタイトルになっている珍しい本です。この疑問に対する解答が本の中で提示されていくので、読む前に「どんなことが書かれているんだろう？」と疑問の答えを考えておきながら読むといいと思います。
安達裕哉著　日本実業出版社

たった2つの「準備」で、難解な本も読めるようになる！

では、どういう準備をすればその本を読むためのヒントが得られるのでしょうか？

本を読むという行為は、暗い森の中に足を踏み入れることに似ています。自分がまったく触れたことがなかったものに触れて、どこに行き着くかわからないまま前に進んでいかなければなりません。その行為は、**明かりがない森を、どちらが出口かもわからずに進んでいくことと同じ**です。

でも、暗い中でも少しでも周りを明るくすることができます。ライトを持てばいいのです。「よくわからないけど、このヒントがあるからこういうことが言いたいんだろう！」というヒントがあれば、どんな文章が出てきても理解することができます。

では、その「ライト」はどうすれば手に入るのでしょうか？

・「装丁読み」というライトで周囲を照らそう

もうおわかりですよね。「ライト」となるのは、先ほどから紹介している通り、**「装丁（カバーや帯）からしっかりヒントを得るようにする」**ということです。カバーや帯から得られる情報というのは、一見するととても少ないように見えますが、しかし実はそんな少ない言葉から多くのヒントを得ることができるのです。

そのためのテクニックを、僕は「装丁読み」と名付けました。**カバーや帯に書いてある情報だけで、バッチリヒントが得られる**のです。

・「仮説作り」で「地図」を手に入れよう

でも、森を歩くときにはライトの他にもう一つ必要なものがありませんか？

それは、地図です。

ライトがあっても、周りが見えるだけで森の全体像はわかりません。

現在地がどこで、どの道を進めばゴールに行き着くのか、そういうことがしっかりわかっていないとすぐに迷ってしまいます。

同じように、今から読む本がどういう本で、どこにゴールがあるのかをしっかり理解していないと、簡単に本という森の中で迷ってしまうんです。

この「地図」を得るための作業が**「仮説作り」**です。その本にどのようなことが書かれているのか仮説を立てて、**自分がその本から何を学ぶのか目的をはっきりさせる**ことです。

「そんなこと、必要なの？」と思うかもしれませんが、これがないと能動的に本を読み進めることはできません。

本を読む前には、**「装丁読み」と「仮説作り」の2つをやっておけばいい**のです。

こうして、きちんと「地図」で全体像を把握しながら、「ライト」を使って読み進めることで、はじめて本という森を踏破できるのです。

2つの事前準備の必要性、わかっていただけましたでしょうか？　では具体的に、「装丁読み」と「仮説作り」を紹介していきたいと思います！

東大読書
Point 5

装丁読みで「ライト」を、仮説作りで「地図」を入手すれば、どんな本も読解できる！

2 装丁読みで「少ない情報から中身を推測」する

「装丁読み」とは何か?

「一を聞いて十を知る」という言葉があります。

これは、1つのことを聞いただけで、他の10個のことを理解することができる様を言うことわざです。

・多くの場合、「一を聞いて十を知る」は難しい

しかし、このことわざって、無理な場合のほうが多いと思いませんか?

たしかに、「一を聞いて十を知る」ことができる言葉というのも存在します。たとえば「ジャイアンが優しい」という言葉を聞けば、「いつもいじめてくるジャイアンが優しいってことは、何か裏があるに違いない」とか「ジャイアンが何か変なものでも食べたのかもしれない」とか、そんな風に多くの情報を想起することができるでしょう。

「LINEはコミュニケーションを変えた」という言葉を聞けば、「若者のコミュニケー

ションを変えたのだろう」とか「コミュニケーションをいい方向に変えた面もあれば、悪い方向に変えた面もあるのだろう」とか、そんな風にいろいろなことに派生して物事を理解できる人もいるでしょう。

でも、**多くの言葉は「一を聞いて十を知る」ということはできません**。

だって、友達に「今日のお昼ラーメン食べたんだ」って言われて、「彼は今日の昼ご飯にラーメンを食べたらしい」以外の情報って理解できますか？　「彼は味噌ラーメンが好きだから、味噌ラーメンを食べたのではないだろうか」ぐらいのことしか他に想像できないですよね。

何が言いたいかというと、**「一を聞いて十を知る」ことができるかどうかは言葉による**ということです。「一を聞いて十を知る」ができる言葉もあれば、できない言葉もあるのです。

しかし、1つだけ言えることがあります。

それは、**本のカバーや帯に載っている文言やタイトルのほとんどは、「一を聞いて十を知る」が可能なもの**だということです。

・本の装丁は「一を聞いて十を知る」ができる言葉ばかり

ほとんどの読者は書店で、はじめに本の装丁を見ます。カバーや帯に何が書いてあるのかを見て、購入するかしないかを決定します。いわば、**本と読者との初対面の場が「装丁」**なわけです。

その「初対面」の場で、読者に興味を持ってもらえなければ、本は買ってもらえません。なので、**ほとんどの本は装丁に多くの情報を詰め込んでいる**のです。とはいえ、文字が多いと読者が読みたがりませんから、**少なめの文字の中にたくさんの情報を詰め込んでい**

図表2　「装丁」だけから、多くの情報をゲットできる！

- 東大生がみんなやっている読書術
- 東大生並みの読解力が身につく読書習慣
- 東大生になれる読書テクニック

etc...

- 読解力が低くて教科書が満足に読めない子どもが多い
- AIが発達していてAIも人間並みに読解できるようになっている
- これから先の未来AIと人間がどのように共存していくのか

etc...

- 「観光によって成り立つ国」を観光立国と呼ぶ
- 日本は「観光立国」になれる可能性がある
- 「新」なので、以前にも「観光立国論」があった

etc...

るんです。つまりは、「一を聞いて十を知る」が可能な言葉が装丁にたくさん書かれるのです。

まだピンと来ないかもしれませんが、そういう人は自分の持っている本のタイトルに注目してみてください。

どんな本でも、**タイトルからは多くの情報が得られる**はずです。

だってみなさん、よく考えてみてください。**1冊の本の内容を、タイトルは一言で言い表している**んですよ？

たとえばこの本の文字数は10万字程度です。それに対して、タイトルの『「読む力」と「地頭力」がいっきに身につく東大読書』は24文字です。たったの24文字で、10万字の内容を言い表しているんです。このタイトルは、もちろん「一を聞いて十を知る」ことができる言葉になっているのです。

こんな風に、どんな本でもタイトルから多くの情報が得られます。そして、このタイトルが本の内容を一言で言い表しているわけですから、**逆にタイトルから情報を多く引き出しておけば、本を読む上でとても大きなヒントになる**わけです。

同じように、タイトル以外の言葉にも、少ない文字数の中にその本の内容がたくさん盛り込まれているのです。**少しでも読者に興味を持ってもらえるように、「この本はこういう本ですよ！」と紹介してくれている**わけです。

読み進める上で**こんなにヒントになる情報は他にありません**。ここからヒントを引き出せば、文章が格段に読みやすくなるのです！

> **東大読書**
> **Point 6**
>
> **表紙に書いてあるのは、たくさんの情報が得られる言葉ばかり。タイトルはその本の内容を一言で表した、とても重要な情報！**

「装丁読み」の手順

では具体的に、「装丁読み」の手順を紹介していきます。

① タイトルから、どういう情報が引き出せそうか考えてみる

「『東大読書』というタイトルから考えられる情報は何だろう？」と、しっかり考えてみ

ケンブリッジ式経済学ユーザーズガイド

読み物としても面白いですが、経済学の内容が網羅的に載っていて勉強になります。ちょっと内容が難しいですが、大学受験の勉強をちゃんとやってきた人間が読むと、かゆいところに手が届くというか、「習っていたときはわからなかったけど、こういうことだったんだ！」というのがわかって面白いはずです。「ただの常識ってどういうこと？」と「装丁読み」してみましょう。
ハジュン・チャン著　東洋経済新報社

ましょう。引き出し方のコツは後述。

②引き出した情報を、付箋に1枚ずつ書いてみる

「東大生がみんなやっている読書術」

「東大生並みの読解力が身につく読書習慣」

といった風に、1枚の付箋に1つの情報を書いていきましょう。目標は3つ以上です。

③帯の両面を読み、得られる情報を付箋に1枚ずつ書いてみる

「精神疾患・精神分析・異常心理学……これ1冊で心理学のすべてがわかる！」と書いてあるならば、

「精神疾患についてわかる」

「精神分析がわかる」

「異常心理学が載っている」

「その他、心理学について多くのことがわかる」

と、1枚の付箋に1つの情報を書きましょう。

④著者のプロフィールを読み、どういうバックグラウンドの人なのかを確認して、得られる情報を付箋に1枚ずつ書いてみる

「偏差値35から2浪で東大に入った現役東大生」と書いてあったら、

「元偏差値35」

「2浪」

「現役東大生」

と付箋に書いていきましょう。

ここでワンポイント！

著者の別の著作のタイトルもチェックしておきましょう。その著者が他にどういう本を出しているかは、本を読み進める上で意外なヒントになります。

たとえば『東京消滅』という本を読んだときに、その著者が他に『地方消滅』という本を出していることがわかれば、「このままでは地方も東京も、日本全体が大変だと著者は考えている」というヒントが得られます。この情報があったほう

が、その本は格段に読みやすいはずです。

①～④の作業を通して、だいたい10枚以上の付箋が用意できれば問題ないと思います。

しかし、これで終わりではありません。書き写すだけではなく、集めた付箋をヒントとして活用するのが「装丁読み」です。なので、

⑤「①～④」で集めた付箋は「見返し」に貼って取っておき、読み進める中で頻繁に見直してみる

ということを実践しましょう。

「見返し」とは、本の表紙をめくったときに現われる、通常は何も印刷していない紙です。**あなたが今読んでいる『東大読書』の場合、「『東大読書』㊙テクニック!」と書いてある、クリーム色の紙**のことです。

書いた付箋はここに貼っておいて、たとえば**読書を中断したタイミングや、理解するのが難しい文章が出てきたとき**に見直してみましょう。読解の上で大きなヒントになるはずです。

また、1章ごとに見直して、「今の章で読んだのは、『装丁読み』で得た情報の中のここの部分かな?」と考え直してみるのもオススメです。**一度読んだ内容を咀嚼して理解を深める**ことができます。

情報は、できるだけ多いほうがいいです。装丁から、なるべく多くの情報を得るようにしましょう。

その分「この情報は本当に正しいかな?」「ちょっと飛躍させすぎちゃったかも……」というようなものも出てくるかもしれませんが、そういう場合は**付箋の最後に「?」と書いておきましょう**。本を読み進めてみて、付箋の内容が正しければ「?」を消して、間違っていれば付箋を取ればいいのです。なので、**思いついたらすぐに付箋に書いていきましょう!**

東大読書 Point 7

できるだけ多く、表紙から情報を得よう! そのために、きちんと付箋に残しておこう!

たった3つのコツで、表紙から超たくさんのヒントが得られる!

カバーや帯の文言から情報を引き出すコツとして、3つの方法があります。

「①分ける」「②つなげる」「③深読みする」

この3つです! 1つひとつ紹介していきます。

①分ける

たとえば『新・観光立国論』というタイトルの本から、どういう情報が得られるでしょう?

「うーん、新しい観光立国について書かれた本、ってこと以外わかることがないんじゃ……」

と考えてしまうかもしれませんが、そんなことはありません。**タイトルを「分ける」**ということを実践してみましょう。

まず、タイトルを「新」と「観光立国論」の2つに分けられますよね? こうすれば、「観光立国について書かれた本」ということ以外に、「『新しい』ということは、前にも観光立国論があったのかも」「『新しい』のだから、今の時代に合っているのでは？」なんていう情報を引き出すことができるはずです。

また、「観光立国論」を「観光」「立国」「論」に分ければ、「観光によって成り立つ国の論評なのかな？」「観光業の可能性について述べた本なのだろう」なんて、より多くの情報を得ることができるはずです。

②つなげる

たとえば『ＡＩ vs. 教科書が読めない子どもたち』というタイトルの本。これに「①分ける」を実践しても、「ＡＩ」「vs.」「教科書が読めない子どもたち」となって、なかなか１つひとつの情報の意味が理解しにくいです。「ＡＩ……ＡＩ関連の本なんだろうな」なんてことしかわかりませんよね？

そこで実践してもらいたいのが、「つなげる」ということです。**「分ける」を行った言葉同士や、タイトルとサブタイトルの言葉などをつなげて、新しい情報を引き出す**のです！

『ＡＩ vs. 教科書が読めない子どもたち』で言えば、「ＡＩ」と「教科書が読めない子どもたち」をつなげてみれば、「ＡＩは教科書が読めるようになっているのに、最近の子ども

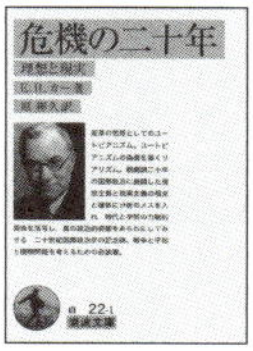

危機の二十年

装丁から中身を推測するのが非常に難しい1冊ですが、読み進めていくうちに「危機の二十年とはどういうこと？」「理想と現実って何？」というのが次第にわかっていくのが、非常に面白いです。

E・H・カー著　岩波書店

たちは教科書が読めないのではないか」と考えることができますね？　こんな風に、**言葉同士・情報同士をつなげて、新しい情報を考えてみましょう！**

③深読みする

最後は**「深読みする」**です。これは読んで字の如く、**カバーや帯の情報を「深く読む」**ということです。**文言をネットで検索して調べてみたり、著者の活動をネットで調べたりすれば、少ない情報からでもヒントをたくさん得ることができるの**です。

たとえば、「①分ける」「②つなげる」もできないくらい、装丁に書いてある情報量が少ない本も存在します。そういう本では装丁読みができないのかというと、そんなことはあ

図表3　「装丁読み」の具体例

①分ける
「AI vs. 教科書が読めない子どもたち」
→「AI」「vs.」「教科書が読めない子どもたち」
AIについての本
教科書が読めない子どもたちが増えている？

②つなげる
「AI」＋「教科書が読めない子どもたち」
→AIは教科書が読めるようになっているのに、
最近の子どもたちは教科書が読めない？

「vs.」＋「人間が勝つために必要なこと」
→どうすれば人間がAIに勝てるかが書いてあるのではないか？

③深読みする
「MARCH」
→明治・青山・立教・中央・法政大学の略称
人工知能は、難関私大レベルの入学試験であればもう合格できる

「新井紀子」
→人工頭脳プロジェクト「ロボットは東大に入れるか。」プロジェクトディレクター
読解力を診断する「リーディングスキルテスト」の研究開発を主導している

りません。「深読み」すればいいのです。

具体例をあげましょう。『心理学入門』とだけ書かれて、後は装丁に何も書かれていない本があったとします。そこからでも、「心理学」について深読みして、たとえば「心理学の定義」「心理学で取り扱うテーマ」を読む前に調べ、「この本ではどこまでを『心理学』として扱っているのか」、**目次を確認しながら考えてみたり**。また、どんな本にも著者の名前は書いてあるはずですから、その**著者のことをネットで調べてみて**「どうしてこの人が心理学を語れるんだろう？」と考えてみれば、新たな情報が得られるはずです。

もしかしたらその人は大学の教授かもしれませんし、実践的に心理学を使うお医者さんかもしれません。おそらく、**教授ならアカデミックな感じで心理学を語っている**でしょうし、**お医者さんならより実践的に心理学を語っている**ことでしょう。なので、「大学教授が語っている」「お医者さんが語っている」と付箋で残しておけば、大きなヒントになるのです。

こうやって、「深読み」すれば、少ない情報量からもたくさんの情報を得ることができます！

この3つのテクニックを使えば、どんな表紙からも読解に役立つ情報を事前にいくつも手に入れられるようになります。ぜひ実践してみてください！

東大読書
Point 8

表紙から情報を引き出すためには、分けて、つなげて、深読みすればいい！

付箋で書き残しておくことには、さまざまなメリットが！

「書き残すとか、そんな面倒なことしなくてもいいじゃん！」

「わざわざ付箋にメモする必要があるとは思えない！」

そんな風に思う人もいるかもしれません。僕も、以前は「わざわざ付箋にする必要はないかもしれない」と思っていました。

しかし、**「付箋に書いて残しておく」ことには、読解力を高める大きな効果がある**のです！

- **付箋で残しておくと、頭に入りやすく、記憶に定着する**

まず、**「付箋にメモする」というプロセス自体が、読解力を高める効果を持っています。**

カバーや帯に書いてあることを、分けて、つなげて、深読みして、自分の言葉に直して書こうとすることで、その**内容がすんなり頭に入りやすく**なります。しかも、**手を動かして書き残すことになるので、記憶としても定着しやすい**のです。

・付箋で残しておくと、後から見直すことができる

さらに、**「残しておく」のも超重要**なんです！　付箋に書いて「見返し」に貼って残しておけば、後からいつでも、**付箋を見直す**ことができます。

それも、**一覧で残しておく**ことができます。一覧で残しておくことによって、「ここの文章わかりづらいな」と思ったときに、付箋を見直して「あ！　この付箋の内容が使えそうかも！」と、その中の**ヒントになる付箋をすぐに探すことができる**のです。

1冊の本を読み終わるのには時間がかかりますから、**せっかく「装丁読み」しても、読んでいる途中にその内容を忘れてしまいます**。これでは、装丁の内容をヒントにすることができません。

また、実践してもらえればわかるのですが、装丁読みで出てくる情報というのはとても多いです。しかも、内容の濃い本・分量が多い本であればあるほど、表紙の情報量も多くなる傾向にあるのです。この場合、**付箋で残しておかないと、表紙から得られる読解の上**

で役に立つヒントが多すぎて忘れてしまうのです。

情報量の多い本でもきちんと「装丁読み」をして、多くのヒントを付箋で一覧にして残しておくことで、ヒントが格段に使いやすくなるのです！

この「装丁読み」は、実践すれば実践するほど精度が上がってきます。うまく「ヒント」になる情報を引き出すことができるようになるのです。どういう情報がヒントになりやすくて、どういう情報がヒントになり得ないのかをしっかり認識することができれば、**どんな本を読んでも適切にヒントを使って文章が読める**ようになります。うまくヒントが使えるようになるわけです。

この「装丁読み」を徹底すれば、**どんなに難しい文章でも正しく読み解くことができるようになります！** ぜひ実践してみてください！

東大読書
Point 9

付箋で残しておき、一覧にしておくことでヒントが使いやすくなる！

3 仮説作りで「本の全体像」と「自分の現在地」を明確にする

「仮説作り」とは何か?

「装丁読み」で、読解する上での「ライト」を作ることはできるようになったと思います。

さあ、次は「地図」です。**「仮説作り」で、その本の全体像を把握するための「地図」を作りましょう。**

「装丁読み」が「部分的な読解のヒント」を得るものであったのに対して、**「仮説作り」は「全体としての読解のヒント」、つまり「文章全体の大きな流れ」を理解するのに役立つ**のです。

・仮説作りは、完璧じゃなくても問題ない

しかし、はじめに知っておいてほしいのは、**「完璧な地図を作ることはできない」**ということです。

というか、**「完璧な地図」が作れるのであれば、その本を読む意味はありません**。読む前に、「この本は、こんな流れで書いてあって、こういうことが言いたくて書かれた本だ！」なんてことが理解できているのであれば、その本を読むメリットは皆無です。100点満点が簡単に取れてしまうテストを何度も受けるようなもので、読んでも何も得られません。

「完璧な地図」は作れないけれど、**「カバーや帯、目次を見た時点での、大雑把な地図」**は作ることができます。だから「仮説作り」なのです。

もちろん、その「仮説」が間違っていることもあるかもしれない。でもそのときは、**仮説を修正すれば対応できます**よね？「こっちに道があると思ったのに、ないじゃん！」となっても、「でもゴールがあるのはこっちだから、この道をまっすぐ行けばいいはずだ！」と、**進んでいく中で修正していけばいい**のです。

・読者によって必要な「地図」は違う

そして実は、**同じ本であっても読者によって「地図」の内容は違います**。なぜなら、**読者1人ひとりの「スタート地点」も「ゴール地点」も違う**からです。

たとえば、同じ『心理学入門』という本を読んだとしても、「心理学をまったく知らない人」か「少し知っている人」かで、読み方は全然違ってきます。「大学で心理学を学ぶための入門書」として読む人もいれば「実践的に心理学を使うための足がかり」として読む人もいます。

1冊の本でも、読む人が違えば受け取る内容は全然違ってくるのです。だからこそ、**「自分に合った地図」「自分に合った仮説」を作らなければならない**んです。逆に、**「自分に合った地図」が作れれば、どんな本でも迷うことはありません**。

「仮説作り」で、**「完璧でなくていいから、自分に合った自分だけの地図」**を作ってみましょう！

東大読書
Point 10

本の受け取り方・内容は読者によって全然違う。仮説作りの結果は、人によって違って問題ない！

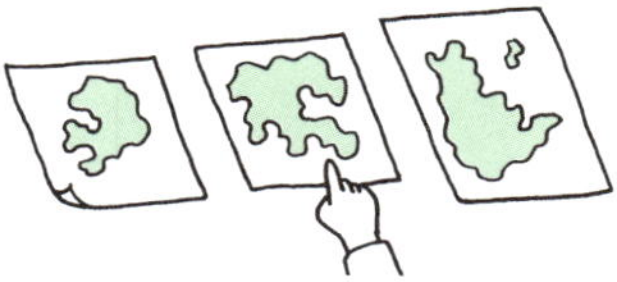

4ステップで誰でも簡単に「仮説作り」ができる！

では、具体的な「仮説作り」の手順を紹介します。

①「なぜ自分がその本を読むのか」という「目標」を付箋に書いてみる

「どうしてその本を書店で選んだのか?」「どういう知識が得られそうだから買ったのか?」を書いてみましょう。これが、**地図でいうところの「ゴール」**になります。

ここでワンポイント！

たとえば、表紙に書いてある「?」で終わる文言は「目的」にしやすいです。「心理学とは何なのか?」と書いてあったら、「心理学とは何なのかを知る」と目標設定できますし、「どうすれば時間を有効に使えるのか?」と書いてあったら「時間の有効な使い方を知る」と目標設定できます。

②目次を見ながら、①で設定した「目標」をどうやってその本で実現するのかという「道筋」を考え、目標の下にまとめる

「心理学とは何なのかを知る」であれば、目次を見て「この本は3章構成で、『心のあり方』『心の動き方』『心の研究の仕方』を1章ずつ紹介しているみたいだ。この3章を読めば、たしかに心理学がどういう学問なのかわかりそうだ」なんて具合に考えてみましょう。

そして目標の下に、「『心のあり方』『心の動き方』『心の研究の仕方』の3つを理解することで目標達成！」と書いておきましょう。

③自分が現在どの立場にいるのかという「現状」を考え、道筋の下にまとめる

「心理学に関してはまったく知らない！」だとか、「心理学の本を前に1冊読んでいる」だとか、そういう**「本を読む前の自分がどういう位置にいるのか」**を書いてみましょう。これが「スタート地点」になります。

図表4 「仮説作り」付箋の書き方

目標：
心理学とは何なのかを知る

目標までの道筋：
『心のあり方』『心の動き方』『心の研究の仕方』の3つを理解することで目標達成！

スタート地点：
心理学に関してはまったく知らない！

①〜③で、それぞれ**「ゴール地点」「目標までの道筋」「スタート地点」を仮説として設定する**ことができます。

これをまとめた付箋を、一区切りごとに見直すことで、「今自分は、この目標のためにここを読み進めているんだな」ということを意識できるようになります。そうすれば、自分が何を読んでいるのかわからなくなることがなくなるのです。

そして、最後に重要なのがこちら。

④実際に読み進めてみて、仮説と違うところが出たらその都度修正する

あくまで仮説、というのは先ほど説明しましたね？　たとえば「3章すべてを読まなきゃ心理学とは何かわからないと思ったけど、意外と1章だけで理解できちゃった！」とか、「もうはじめの目標をけっこう達成できたから、目標をもう少し高く持ってみよう！」とか、そんな風に、**本を読み進める中での軌道修正**をこまめにやっていきましょう。最初の仮説と全然変わってしまっても、まったく問題ありません。

「あ、ここにも道があったんだ！」と、**読み進めていく中で地図を更新していくイメージ**です。

スタートとゴールと道筋をしっかりさせ、それに沿って歩きつつ、どんどん軌道修正を

加えていくことができれば、自分が読んでいる**本の全体像を理解しながら読解する**ことができるようになります！

ちなみに、「それらを付箋にまとめておく」と説明しましたが、**この付箋は「見返し」に貼って、いつでも見直せるようにしましょう！**

それこそ地図のように何度も何度も繰り返し見直したり修正したりして、「仮説」を検証しながら最後まで読み進めることができれば「仮説作り」は完璧です！

東大読書
Point 11

「目標」→「道筋」→「現状」の順番で設定していく！
仮説は、読みながらどんどん修正していく。

「目標」設定から始めることで、遠くまで行ける！

さて、先ほどの「手順」の説明で、どうして「ゴール」から先に設定したのか、疑問に思った方も多いと思います。

普通ならば「現状」「スタート地点」から先に決めていくと思いますが、「目標」「ゴール地点」を先に決定するのには理由があります。

それは、**「できるだけ遠くに行くため」**です。

・目標から逆算するのは、東大生ならみんなやっている！

たとえば僕も昔は、どんなことをするにしても「現状を分析してから目標を決定する」ということをやっていました。本を読むときも、「心理学について全然知らない状態だから、まあ、ちょっと心理学についてわかればいいかな？」などと考えて、**目標を実現可能な形でしか設定していませんでした。**

でも、**これってすごくもったいない**んです。なぜならこれは、**自分の可能性を狭めているから。**もしかしたら、その本を読んだら心理学について滅茶苦茶くわしくなれるかもしれないのに、**目標を自分の近くに設定してしまったら、絶対にその先に行き着くことはで**

きません。

「ちょっとわかるようになる」と設定したら、「ちょっとわかるように」しかなれないんです。本当はちょっとどころではなくわかるようになれるかもしれないのに、「ちょっと」で終わってしまう。

目標を高く持つというのはどんなことにおいても大切なことです。**事実、東大生の多くは「逆算」という言葉をよく使います。**まずは目標をできるだけ高く、遠くに設定して、それから、そこに行き着くための手段を考えるのです。スタート地点からではなく、**「ゴール地点」から考えて行動する。**そうすることによって自分の可能性を殺さず、より遠くに行くことができるのです。

・本は「遠くに行くためのツール」だ

そして、**本というのは「遠くに行くためのツール」**なんです。その分野についてくわしい、今の自分とはかけ離れた著者が、「この本を読めば自分の近くまで来られるよ！」と言ってくれるのが本なのです。

たとえば教育についての本を読むときに、1年しか教師をやっていない人の本と、30年教え続けた先生の本と、どっちが読みたいですか？　教師歴30年のベテランの先生のほう

二〇世紀の歴史

激動の20世紀の歴史を網羅的に綴った本です。さまざまなことが書かれているので、自分がどこにいるのかわからなくなりがちですが、「仮説作り」をしておけば内容が理解しやすくなります。

木畑洋一著　岩波書店

が、いろいろな知見があって勉強になりそうですよね？　**人間は本を選ぶとき、自分と距離が遠いほうを選ぶ**わけです。

だからこそ、本を読むときの仮説作りは、「目標」から設定しないといけないんです！

東大読書
Point 12

本とは、現在の自分と距離が遠いものに触れるためのもの。だからこそ目標から先に設定し、そこから逆算しよう！

仮説作りで得られるのは、マクロな視点

読んでいる文章の内容がよく理解できるようになる「装丁読み」と違って、この「仮説作り」の効果は実感しにくいかもしれません。

しかし、**「装丁読み」と「仮説作り」、両方があってはじめて本が読解できるようになる**んです。

なぜなら、「装丁読み」で得られるのは**「ミクロな視点」**で、「仮説作り」で得られるのは

「マクロな視点」だからです。

ミクロというのは、細かいことを指します。つまり、**部分的な読解が可能になるのが「装丁読み」**なわけです。ライトで、自分の周りだけ明るくするイメージですね。

しかし、ミクロな視点だけではダメなんです。部分的な読解だけでは本の内容を理解することはできないんです。**「マクロな視点」、つまり広く読むことも、本を読む上で同時に求められる**のです。

たとえば、1〜10巻まである漫画が、3巻だけは面白いとして、その漫画を買いたいですか？

または、1〜10話まであるドラマで、9話だけは面白いとして、そのドラマを見たいですか？

そんな1巻・1話だけ面白い漫画やドラマよりも、1巻からの伏線が9巻で回収されたり、2話の登場キャラクターが成長して10話で出てきたり、1巻から10巻までちょっとずつ主人公が成長したり、そんな風に「全体として」面白い漫画やドラマのほうが、読みたい・見たいと思いませんか？

一部だけ面白くても、それだけではダメなんです。それと同じで、**本は全体として理解しないといけない**んです。

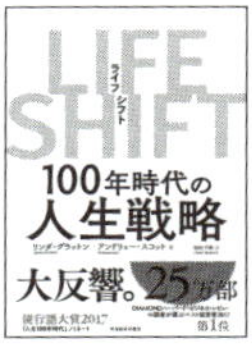

LIFE SHIFT（ライフ・シフト）

この本は「誰もが100年生きる時代で、どのように生きればいいか？」という本なのですが、目標は人によってはっきり分かれます。この本から時代の流れを学ぶ人もいれば自分のアイデンティティを学ぶ人もいるでしょう。「仮説作り」をしっかり実践して、目的をはっきりさせて読むといいでしょう。

リンダ・グラットン、アンドリュー・スコット著　東洋経済新報社

まして、本というのはどれも、ある程度の厚みがあるものです。1ページ読解できるだけじゃなくて、**200ページの中でその1ページがどういう立ち位置なのか、その1ページが全体の一部としてはどのような役割を果たしているのかを理解**しないと、全体の流れが理解できないんです。

この「流れ」を、「仮説作り」で追うことができます。「ああ、これを説明するためにこの章があるんだな」「あの章の続きとしてこの章があるんだな」という大枠の流れを把握した読解が可能になり、その一部分の文章だけではなく**「本全体」が読解できるようになる**わけです。

いかがでしょうか？ **「装丁読み」でミクロな視点で文章を読む準備をしつつ、「仮説作り」でマクロな視点で本を読む準備**をすれば、どんな文も胸を張って受け止められるようになります！

東大読書
Point 13

「装丁読み」はミクロな視点、「仮説作り」はマクロな視点。

ここでワンポイント！

「仮説作り」では、「自分のゴール」と「自分のスタート地点」をはっきりさせれば「本の大筋の流れがわかる」と言いましたが、これって普通に考えたら変な話ですよね。「著者という他人の書いた本の内容が、自分の目標と現状を設定すればわかる」というのは、一見奇妙なことに見えます。

でも、実は当たり前の話なんです。なぜなら本は、「読まれるために」作られているから。

著者は、「だいたいこんな人が読むだろうなー」と考えた上で本を書きます。または、「誰が読んでもわかるように」本を執筆します。つまり、著者は読者に合わせてくれているんです。

たとえば『心理学入門』という本なら、「この本は、心理学についてまったく知らない人が、心理学とはどういう学問なのか知りたくて読むこともあるのだろう」と著者は考えているはずです。多くの人に読んでもらいたいはずですから、読者の想定は広く持っているはずです。

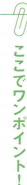

なので、読者が設定するほとんどの目標は、著者がきちんとすくってくれているものなんです。

たしかに、想定していないようなスタート・ゴールもあるでしょうが、しかしそういう仮説を作ってしまったら修正すればいいだけのこと。

みなさんは安心して、「自分の地図」を作成すればいいのです。

THE UNIVERSITY OF TOKYO READING TECHNIQUES

STEP 2

取材読みで「論理の流れ」がクリアに見える

——東大生は「読者」ではなく「記者」になる

1

「記者」になったつもりで読むと「記憶」も「理解」も深まる

ただ読むのではなく、「取材」しよう！

「装丁読み」と「仮説作り」で読む準備ができたら、いよいよ本の読解をしていくわけなのですが、ここで1つ、重要なことがあります。

それは、**「本を読まないでほしい」**ということです。

優れた読解をする人は、決して**本の読者にはならない**んです。

・「本は読むな」とはどういうこと？

読書術を紹介する本で「本は読むな」とか「本の読者になるな」とか、わけのわからないことを言っているように聞こえるかもしれませんが、実はこれ、**東大生をはじめ優れた読み方をする人なら当たり前にやっていること**なんです。

僕も昔は、普通に本を読んで、本の読者になっていました。でも、読解力はなかなか身につかず、読んだ内容を自分のものにすることも、できませんでした。

本当に読解力を身につけ、本の内容を自分のものにするためには、**「読者」ではなく「記者」にならなければダメ**なんです。本を読むのではなく、**本を取材しなければならない**んです。

たとえば、です。学校の授業を、何の相槌も打たず、何のメモも取らずにじっと見ていたらどうなるでしょうか？　ただ見ているだけで身につくでしょうか？

おそらく**そんなことは、東大生でも難しい**と思います。

授業の内容は、先生の話に相槌を打ち、ノートやメモを取りながら話を聞くことで、やっと理解できるようになるのではないでしょうか。

これはどんな人の話を聞くときにも、**学ぼうとするときはいつでも必要になる姿勢**ではないでしょうか？

でも、**「本を読む」という行為は、「相槌も打たず、メモも取らないで先生の話を聞く」状態に近い**んです。「ただ文を読むだけ」「ただ文字の羅列を見るだけ」。それで身につくはずがないんです。

・「読める人」は「記者になったつもり」で読む

優れた読み手というのは、「読者」ではなく「**記者**」になります。

「読者」はただ文字を見るだけですが、「**記者」は相槌を打ちながら、質問を考えながら、時にはメモを取りながら**、著者の話に耳を傾けます。

読書している間に**心の中で「相槌」を打ち、著者が目の前にいたら自分がどういう「質**

問」をするか考えながら読むのです。ただ漫然と読むのではなく、「なるほどな」と心の中で納得したり、「あれ？　これってどうなんだろう？」と自分の中で疑問を持ったりしながら読むのです。

授業を「見ている」だけでは身につかないように、本を「読むだけ」では本の内容は身につきません。きちんと、本を「理解しよう」と思いながら、**行動しながら読まなければならない**のです。

・**多くの著者が用意している「ツッコミポイント」を利用しよう**

そして、著者の方も多くの場合、「ただ本を読むだけ」では読者が理解できないことを知っています。だから、**本の中で質問を投げかけたり、「えっ、それ本当？」とツッコミを入れられるようなことを書いたりする**のです。

先ほど僕が書いた**「本を読まないでほしい」というのも、その一種**ですね。

事実、平坦な文章よりも、そういう「引き込まれるポイント」が多いほうが、本の内容が頭に入りやすいはずです。「読者」よりも「記者」になりやすいポイントが多い本のほうが、本を理解しやすいんです。

本当にその本から学びたいのであれば、「読者」ではなく「記者」になることを心がけるべきなんです。そのほうが数倍、本の内容が頭に入りやすいのです。

「読者ではなく記者になる」読み方、すなわち**「取材読み」**をすることで、本の内容を読解できるようになるのです。

> **東大読書**
> **Point 14**
> **本の「読者」になるのではなく、本の「記者」になるべし！**

まずは「記者の姿勢」になろう！

では、「読者」から「記者」になるためにはどうすればいいのでしょうか？

そのためにはまず、姿勢を正しましょう。比喩表現ではなく、本当に、本を読むときの姿勢を変えてほしいんです。

東大教養学部「考える力」の教室

東大の授業が書籍化された本なので、「記者」でありつつ「受講生」として本を読むと、得られるものが多いと思います。論理の流れもクリアで読みやすく、オススメの1冊です。
宮澤正憲著　SBクリエイティブ

・東大生はみんな「姿勢」がいい

この話をする前に、みなさんに1つ質問です。

人はなぜ、文字を書くときにペンを目線の先に持ってくるのでしょうか？

ちょっと文字を書くときの姿勢を試してもらえますか？ どんな人でも、文字を書こうとするときは無意識のうちに、ペンと指先を目線の先に持ってきて、もう片方の手で紙をおさえながら書くはずです。なぜ、人はこの**「文字を書く姿勢」**が固定化しているのでしょうか？

答えは簡単です。そのほうが**書くことに集中しやすい**からです。

2つの手の指先を目線の先に置き、神経を指先に集中させる。無意識のうちに取る姿勢自体が、「文字を書く」という行為に適した姿勢なのです。

本を読む、というのもこの姿勢に似ています。2つの手で本を支えながら、目線の先でページを開き、読解する。目線の先・手先に神経を集中しやすい姿勢なわけです。

こうした姿勢の効果はまったくバカにできません。姿勢が悪いと神経を集中させにくく、ミスをしてしまいがちになるのです。ケアレスミスをしやすい人でも、**姿勢を正すだけで**

ケアレスミスを防止できることがあります。また、**東大生の試験の受け方を見ても、みんな一様に姿勢がいい**。ちゃんと「書く姿勢」が取れている学生がほとんどなんです。

恥ずかしながら、僕も昔は姿勢が悪くてミスを連発していました。それが、**姿勢を正すようになって、ミスを減らすことができるようになりました**。ただ姿勢を正しただけで、間違いがかなり減ったのです。なので、姿勢の効果ってバカにできないんです。

・「記者の姿勢」とは？

さて、では「記者になるための姿勢」とはどういうものなのか。

それは、**「前のめりになる」**というものです。

記者の人って、マイクを取材対象に近づけたり、取材対象に近づいたりしながら取材をしますよね？　少なくとも、**イスに深く腰をかけたり、離れた場所から取材をする人はいない**はずです。

そうやって取材対象との物理的な距離を近づけることで、取材対象から少しでも多くの情報を得るはずです。

それと同じように、**「取材対象」である本を大きく開きつつ、体を本にできるだけ近づ**

けましょう。「1つでも多くの情報を得よう！」と、本との物理的な距離を狭くして読みましょう。

また、**寝そべったり、イスに深くもたれかかってもいけません**。よく、本を上に持ってきて、腰掛けながら寝そべりながら読む人がいますが、それでは読み飛ばしや誤解が多くなります。**そんな姿勢では立派な記者にはなれません**。イスに座って、前のめりになって、取材しやすい姿勢を取りながら本を読みましょう。

また、**背筋も伸ばしましょう**。背中を丸めて取材をするのは、取材対象に失礼です。背筋が伸びていたほうが本の内容もクリアに入ってきます。

たったこれだけのことで、読書の効果は倍増します。騙されたと思って、ぜひ実践してみてください！

東大読書
Point 15

姿勢を正すことで、読書の効果は倍増！
前のめり気味になり、背筋も伸ばして、きちんとした姿勢で本を読もう！

記者になることの「2つの効果」

相槌を打ったり、質問を考えたり、時にはメモしながら前のめりになって本を読む、という「取材読み」。これで本の内容が理解しやすくなるわけですが、それだけではありません。

「取材読み」の効果は多岐にわたります。記者になることではじめて見えてくるものはかなり多いのです。

・**感情という名の「色」がつく**

まず、なんといっても文章を平坦に読むことがなくなり、**感情を込めて読むことができる**ようになります。

小説と違って、新書やビジネス書、参考書などの「知識を得るための本」は、感情を入れることなく「へえ、そうなんだ」という気持ちで読んでしまいがちです。たとえば、

「第1次世界大戦でドイツは敗北した」

という文章があったときに、「読者」のままでは「へえ、第1次世界大戦ではドイツが負

けたんだな」という事実しか理解することができません。

しかし、**「記者」になると違います**。「相槌」を打つために、「ドイツが負けたということは、それだけドイツ人は悔しかっただろうし、それが第2次世界大戦を招いたのかもしれない」とか、「質問」をするために「ドイツが負けたのはなぜだったんだろう？　戦力差かな？　それとも、戦略上の問題？」とか、**1つの文からたくさんのことを想起すること**ができます。

そうやって、「読者」より一歩踏み込んで文を読むので、「さぞやドイツ人は悔しかっただろう」とか「勝ったフランスは嬉しかっただろうな」とか、**「感情」も同時に理解できるようになる**のです。

もしかしたら著者は、第1次世界大戦のドイツの敗北を悲しいことだと考えているかもしれません。記者になれば、そんな著者の気持ちに「相槌」を打ち、「質問」を考えるわけですから、何気ない「第1次世界大戦でドイツは敗北した」というただの「事実」の中にも、著者の感情を読み取ることができるのです。

つまり、記者になることで、**「ただの事実」に感情という名の「色」をつけることができ**

るのです。

全部「無色透明」の事実ばかりの文章よりも、感情で「色」がついていたほうが理解しやすいのです。文章の中に赤い文字が含まれていたほうが、「ああ、ここが大事なんだな」と理解しやすいですよね？　同じように、「色」がついていたほうがただの事実として文章を読むよりも理解しやすいんです。

・文章の流れが追いやすい

そして、そうやって色がついていれば、**「文章の流れ」を追いやすくなります**。

たとえば、

「第1次世界大戦でドイツは敗北した。これによって、どのようなことが起こったのかを次の章では触れたい」

と書かれていたときに、普通ならば「次の章ではドイツの敗北の結果発生したことを説明するのだろう」と理解すると思います。

しかし、著者がドイツの敗北を悲しいことだととらえ、ドイツ人側の立場に立って悔しい気持ちでいたのならば、どうでしょうか？　次の章からはきっと、「ドイツの敗北」の

【悪い】結果が書かれているはずですよね？

このように、**感情を理解すればその次からの流れが理解できる**ということは、かなり多いのです。

よく、「文章の流れが理解できない」「論理の展開が読めない」と嘆く人がいますが、それは「感情」を読み取らず、文章をただの事実の羅列として見ていることに原因があります。

たとえば、

「なぜドイツは負けたのでしょうか？」

と書かれていたとして、文字通りに読めば「ドイツが負けた理由を著者も知りたくて、質問しているのだろう」と考えてしまいます。しかし、**その文に「怒り」があれば、話は違います**。「ドイツは勝つべきだったのに、なぜ負けたんだ！」という意味かもしれません。そういう意味で書いていたのならば、その後に続くのはドイツの敗北が「いかにその後の世界に悪影響を与えたか」ということだと思います。

こんな風に、**単なる事実の羅列ではなく、著者が何に対して肯定的で何に対して否定的なのか、何を嬉しく思っていて何を悲しく思っているか、そういうことを知ることで、論理展開は格段に追いやすくなる**のです。

こうして論理展開をきちんと追いながら本を読む訓練をすれば、論理的思考力が身につくのです。どうすれば論理的な文章になるのか？　論理的な展開とはいったいどういうことなのか？　そういったことは、「きちんと論理展開を追いながら本を読む」という訓練を積めば自然と理解できるようになるものなのです。

いかがでしょうか？　「取材読み」のメリット、わかってもらえましたか？

ではここから、具体的に**「相槌」や「質問」、「メモ」を取る適切な取材方法**について紹介したいと思います！

東大読書
Point 16

「取材読み」で、感情を込めながら文章を理解できる！
感情がわかると、文章の流れがよくわかるようになる！

2 質問読みで「情報」を「知識」に変える

「質問読み」とは何か?

みなさんは、「西岡君はカッコいい」と聞いて、どう思いますか?

嘘みたいな話ですが、**この質問にどう答えるかで、みなさんの普段の読解の質が、おおよそ浮き彫りになってしまう**んです!

・質問できるか、できないか

「西岡君はカッコいい」と聞いて、どう思うか。

たとえば、「そうなんだ」と思う人もいるでしょう。「それなら会ってみたいな」とか、「あっそ、どうでもいい」と考える人もいるでしょう。

しかし、これらの回答をする人はすべて、現状の読解力が高くない人です。

なぜならこれらの回答をする人は、**情報を鵜呑みにする人**だから。

だってみなさん、まず西岡君って誰なんですか？　どこの西岡君なんですか？　世の中にはたくさん西岡君がいるはずです。ここで指す「西岡君」は、どの「西岡君」なんでしょうか？

また、「カッコいい」って書いてありますが、本当にそうなんですか？　誰から見てカッコいいんですか？　女性から見てカッコいいのか、それとも男性から見てカッコいいのか、はたまたある1人の意見として「カッコいい」のか。誰から見てカッコいいのかはわかりません。

何をもって「西岡君はカッコいい」と言っているのか、鵜呑みにする前に質問するべきじゃないですか？

今ここにあげた疑問を持てた人は、読解力が高い人です。なぜならその人は、**情報を鵜呑みにせずに、自分の中で質問を考えて読解することができる人**だからです。

そうやって質問を持てば、もしかしたらこの文が出てくる本の続きには「『西岡君』とは、東大3年生の西岡君のことである」とか、「街行く女子の100人にアンケートを取った結果、90人が『カッコいい』と答えた」とか、質問に対する回答が出てくるかもしれません。

「そうなんだ」と思っているだけでは「質問の答えだ」とは認識しませんが、「質問」を持つことで、その文に**「回答」としての意味合い**が出てきます。

寝ながら学べる構造主義

「構造主義」についてとてもわかりやすく書かれた本です。人間の考え方や表現の仕方が当人の置かれている状況によって左右される……それが面白く描かれていました。考える余地があるので、「質問読み」しながら自分で考えつつ読むのがオススメです。

内田樹著　文藝春秋

いかがでしょうか？　与えられた文章を前にして、「そうなんだ」「そういうこともあるのだろう」とただ素直に受け入れているだけでは、何も理解できません。文字の羅列を見て、**情報を得ているだけ**です。それだけでは何の役にも立たないんです。

本当に必要なのは、「どうしてこうなんだろう？」「なぜ、こう言えるんだろう？」と、**「常に質問を考えながら読む姿勢」**なんです。

たしかに時には、素直に受け入れるべきところもあります。「これに関してはデータはない。しかし、30年やってきた経験から、こうとしか言わざるを得ないのである」なんて書いてある本もあります。

しかし、その場合でも著者は「疑問を持つかもしれないけれど……」ときちんと「断り」を入れています。その**「断り」が、普通に読んでいるよりも響いて読解できる**はずです。どんな本、どんな文でも、**質問を持つことは無駄にはならない**んです。

・「情報」と「知識」は違う

僕は、「何もかもを疑ってかかれ」と言っているわけではありません。**「質問を考えないと知識が得られない」**と言っているのです。

情報と知識は、違うものです。文字の羅列は情報を教えてくれますし、「へえ、そうなんだ」のままでも「情報」は得られます。「西岡君はカッコいい」を鵜呑みにするなら、「西岡君はカッコいい」という情報を得ることができるはずです。

しかし、それに何の意味があるのでしょうか？

「西岡君はカッコいいらしいよ！」と友達に言っても、「西岡君って、誰？　どんな人なの？」「カッコいいって、誰から見てカッコいいの？」と質問されて終わってしまいます。そんな情報を持っていても、何の意味もありませんよね？

「情報」は、「知識」にしないといけません。そしてそのためには、情報に対して質問を持ち、「西岡君というのはこの人なんだ！」「こういう人なんだ！」「カッコいいというのは、これを指して言っているんだ！」「こういうデータがあるんだ！」と**自分が抱いた質問に対しての回答を出すというプロセスが必要**なんです。

その情報がどういう意味で、どういうデータに立脚した情報で、何の意味があるのか。そういったことを吟味して考える過程があってはじめて、「情報」を「知識」に変えることができるのです。

今の時代、情報だけならばスマートフォンや電子辞書のほうが得やすいです。検索すればものの3秒でその情報を得ることができてしまいます。

しかし、その何百倍もめんどくさいツールである本が、この時代においても生き残っているのは、**本を読めば「知識」が得られるから**です。その情報をどうやって使えばいいか、どうしてその情報が正しいと言えるのか、**そんな質問に答えてくれるツールだからこそ、本が選ばれている**のです。

「質問」を考えずに読んでも、「知識」が得られない。それでは何の意味もないんです。「情報」ではなく「知識」を得るためには、「質問読み」をしなければならないのです。

東大読書
Point 17

「質問しよう」と思えば、「情報」ではなく「知識」が得られる。

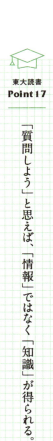

「質問読み」の方法

では、具体的な「質問読み」の方法を見ていきましょう！

①読み進めていく中で、「質問」になる部分を探してみる

たとえば、著者が**「なぜ、こんな傾向があるのでしょうか？」**と問いを投げかけていたら、90％以上はその後に回答があります。その問いを質問にすると、「情報」が「知識」に変わります。

または**「この言葉はどういう意味なんだろう？」**と思うことでもかまいません。さらに、**「著者が目の前にいたら、どんなことを聞いてみたいか。何を質問してみたいか」**でもオーケーです。重要な質問の例に関しては後述します。

②「質問」が見つかったら、そのページに付箋を貼る

何色でもいいですが、**質問の付箋同士は色を統一**しておくといいと思います。

③「質問」の回答が出てきたら、さらにそこに付箋を貼る

質問の付箋と同様、**色を統一**しておきましょう。たとえば質問の付箋は赤、回答の付箋は青、なんて具合に。同じページに書いてある場合でも、同じページに質問と回答の付箋を1枚ずつ貼っておきましょう。できれば、**質問と回答の部分に線を引いておく**といいと思います。そうすれば後から遡りやすいです。

ここでオススメ！

ここでオススメなのは、**質問とその回答の付箋に同じ番号を振っておく**ことです。「1 なぜ西岡壱誠はカッコいいと言えるのか？」「1 アンケートの結果」のように、同じ番号を振っておくと後から見直しやすくなります。

質問が多くなれば多くなるほど、どれがどれの回答かわからなくなってしまいがちです。それを、番号を振ることで解消しましょう。また、1つの質問に複数の回答がある場合もあります。その場合も、同じ番号を振っておけば見直しやすくなります。

そして、①〜③と並行してやってほしいのは、次の④。

④「これは重要だ」と思う質問をノートに写しておく

「質問」と「回答」の中で、「これは本を読む上で重要な質問と回答だ」と思うものに関しては、**質問が出てきた時点でその都度ノートに写しておきましょう**。重要な質問は、後ろのほうに答えが出たり、または他の質問のヒントになったりします。それらは別途ノートに書き写しておきましょう。

東大読書
Point 18

質問と回答を付箋で対応させ、重要な質問はノートに写しておく。

「重要な質問」を考える3つの視点

では、ノートに写しておくべき重要な質問は、どのように見分ければいいのでしょうか。

ポイントは以下の３つです。

①著者が、最初に提示しているもの

著者がはじめに投げかけた問いというのは、その本全体を通した質問になりがちです。

たとえば、「はじめに」で「ＡＩは人間に勝てるのでしょうか？」と書かれている本ならば、十中八九「ＡＩは人間に勝てるか否か」が大きなテーマになります。

そしてもしかしたら、文章全体を踏まえた上で、「おわりに」で「以上見てきた通り、ＡＩは十分、人間に勝てる」と回答が提示されるかもしれません。そういった質問は、ノートに書き写しておくことで全体の読解に役立ちます。


同じように、「問い」でなかったとしても、**最初の主張**というのは質問のしがいがあります。

「ＡＩは人間に勝てる」とはじめに著者が主張しているのであれば、「なぜそう言えるのか？」「その根拠は何なのか？」を質問にしてみるのです。こうすれば、その後の論理展開がわかりやすくなります。「あ！　こういう事実があるから『ＡＩは人間に勝てる』んだな」とわかるポイントが多く出現するはずです。

②質問への回答が、複数ありそうな質問

回答が複数考えられるものも、「重要な質問」です。

たとえば先ほどの「AＩは人間に勝てるのでしょうか?」という問いは、答えは1つではないかもしれません。「この分野ではAＩは勝てるけど、この分野では勝てない」と2つ以上の回答になってもおかしくありません。そういった質問はノートに写しておき、回答が出てきたらその都度付箋を貼っていけばいいのです。

③議論が分かれそうなものに対する質問

「カッコいい」「カッコ悪い」といった**「良い・悪い」の価値判断**や、「こうするべきなんだ!」という**強い主張**、または「将来的には」「30年後には」といった**未来に関する主張は、「議論が分かれる主張」**です。

そういう場所は、「良いって、どういう面から見た『良い』なの?」「本当にそうするべきなの?」「未来のことなのに、なんでわかるの?」といった**「良い質問」を作りやすい上に、著者も回答をきちんと用意しておいてくれている場合が多い**です。

……みなさん、たとえば今の言葉ですよ? 「良い質問」なんて、どんな価値基準で「良

い質問」と言っているのかわかりませんよね？　「議論が分かれそうなもの」です。

ちゃんと、質問を作れましたか？

では、「なぜ良い質問なのか」。その回答を、これから紹介したいと思います！

東大読書
Point 19

「最初に提示された質問」「回答が複数ありそうな質問」「議論が分かれそうな質問」は、良い質問になることが多い！

「質問読み」の効果とは？

さて、いったい何が「良い質問」なのでしょうか？

①～③の質問はすべて、「良い質問」だと言えます。では、誰にとって「良い質問」なのかと言えば、それは**「著者にとって」**です。

・良い質問とは何か？

池上彰氏はよく「良い質問ですね」と言いますが、それは**「質問の質自体」の話ではなく、その質問をしてもらうことを、著者や主張する人は想定しているからです。**なのです。なぜなら、**大抵の場合、「著者や主張する人にとって『都合の良い』質問」**なのです。

僕は東大で100年以上続く弁論部の部長に、「弁論の秘訣」を教えてもらったことがあるのですが、これとまったく同じ話をしていました。「弁論のテクニック」として、**「突っ込んでほしい主張の『穴』をわざと作っておく」**というのがいちばんの極意だそうです。「穴」を作っておけば、聞いている人が「質問」を作りやすい。「質問」を作ってもらえれば、その回答を探して、より一層集中して話を聞いてもらえる。それに対する回答をちゃんと提示すれば、「なるほど」と納得感を与えやすい。そうするために、わざと主張の中に疑問に思われやすいポイントを作るテクニックがあるのです。

多くの著者も、同じことをやっています。「さて、さっき言ったこれに関してですが、こんな疑問を持った人もいるかもしれません」なんて書いてある本はけっこう多いです。**その場では質問に対して回答を提示せず、わざと後になってから答える。**こうすることで、読者を引き込むわけです。

優れた読者は、ちゃんとそこで引き込まれます。著者の主張に、「良い質問」ができる

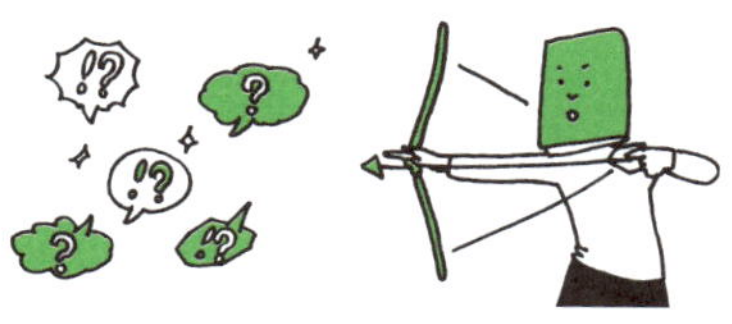

読者こそが、「良い読者」なのです。

・良い読者になると、論理展開を追いやすい

良い読者になれば、論理展開がクリアに見えるようになります。「質問と論理展開に何の関係が?」と思われるかもしれませんが、**「質問」と「流れ」は、密接にリンクしている場合が多い**んです。

先ほど①でも紹介しましたが、いちばんはじめに疑問を投げかけて、後から本全体でその疑問の解答を提示していく、というのは本の王道パターンです。

この本だって、「『東大読書』を、みなさんもできるようになります!」とはじめに書いて、その「東大読書」のやり方を今も紹介しています。**はじめに提示したテーマや疑問を、伏線のように後から後から回収することで、読者を飽きさせないような構成を作っている**のです。

しかし、この**「著者」の目論見に、読者は意外と乗れないことも多い**です。本は長いですから、はじめの疑問を忘れてしまったり、後から読み直して「どうして著者はこんなことを話しているんだ?」「なんで質問読みを紹介しているんだろう?」と考えてしまうこ

ともしばしばありますよね?

そうならないための「質問読み」なんです。ノートで「良い質問」をまとめておき、**「良い質問」を持つ「良い読者」になれれば、どんな人でも著者の目論見に乗っかって、論理展開がクリアにわかるようになる**のです。

・「良い質問」にこだわりすぎる必要はない

もちろん、良い質問ばかりをする必要はありません。ちょっとしたことに疑問を持つこともあるでしょう。その場合は、**文の中から自分で答えを見つければいい**のです。

本の中で持つ質問の8割以上は、本の中で完結できます。「著者が目の前にいるときにどう質問するか」とはいっても、大概の場合、著者はどんな質問にも答えられるように本を書いています。それ以外の質問があっても、それは普通にネットで調べたらわかるレベルのことも多いです。

重要なのは、**良い質問だろうが悪い質問だろうが、「質問」を考えてみること**です。質問を考えて、どこに回答があるかを探す。そうすることで、「ここに質問はないかな?」と**本を隅々まで読むことにつながり、内容をよりくわしく理解できるようになる**のです。

そうして質問を考えていくうちに、自然と「良い質問」も思い浮かぶようになってくるのです。

いかがでしょうか？　みなさんも、「質問」を探しながら読む「質問読み」で、良い読者になりましょう！

東大読書
Point 20

著者にとって「良い質問」ができるのが、良い読者。「良い読者」になれば、論理の流れがクリアにわかる！

3 追求読みで「自分で考える力」を鍛える

本の中には「疑わしいこと」がたくさんある

質問読みの効果は絶大です。ちょっとした意識の差、**「記者になったつもりで質問を考えてみよう」**とするだけで、本の見方が変わって、読解力が格段に跳ね上がります。

その「質問読み」を、**より深く、鋭くした「上級者向けの質問読み」が、「追求読み」**です。これによって、「自分で考える力」を徹底的に鍛え上げることができます。

「追求読み」について説明する前に、1つみなさんに質問です。

本当に、「質問読みの効果は絶大」なのでしょうか？

もちろん、僕は自信を持ってそう申し上げられますし、そのための証拠や論拠をここまでで多く提示してきたつもりです。

でも、結局本当かどうかは、みなさんがやってみなければわかりませんよね？　多くの人には当てはまるかもしれないけれど、この本を読んでいるあなたには当てはまらないかもしれない。あるいは、例外だってあるかもしれない。

また、先ほど僕は、「本の中で持つ質問の8割以上は、本の中で完結できます」と言いました。でも、この8割という数字は正しいのでしょうか？　何かアンケートを取って得た数字なのか、それとも感覚的なものなのかで、信頼性は変わってきます。

アンケートの結果だった場合でも、どういう質問をしたアンケートだったのかはわかりませんよね？　もしかしたら、「はい」のボタンはとても大きいのに、「いいえ」のボタンはとても小さくしているかもしれません。さらに、誰に質問したのかもわかりません。あらかじめ偏った人たちだけにアンケートを取っているのかもしれません。

このように、**本の中に、疑わしいことってたくさんある**のです。
そして**記者であれば、これらのことをスルーしてしまってはいけません**。きちんと、疑わしいことに関しては疑問を持ち、**自分で調べるべき**なのです。僕はこのような読み方を**「追求読み」**と名付けました。

東大読書
Point21

「疑わしいこと」に疑問を持ち、自分で調べるのが「追求読み」。

「質問」だけではなく「疑問」を持つ

・「質問」と「疑問」は違う

ちなみに、先ほどの「本の中で持つ質問の8割以上は、本の中で完結できます」という言葉にも、ちょっとしたからくりがあります。**「質問」とは言っていますが、僕は「疑問」とは言いませんでした。**

みなさんは、**「質問」と「疑問」の違い**はわかりますか？

質問は、「質を問いただす」こと、つまり**「相手に対して不思議に思ったことを聞くこと」**をいいます。一方、疑問は「疑わしいこと」、つまり**「本当かどうかわからない」「なんだか疑わしいこと」**を指す言葉です。

誰かが何かを答えてくれることを想定している「質問」に対して、**誰も答えをくれないけれど疑わしいことを「疑問」という**のです。

本の内容なんて、**疑い出したらキリがありません。**「これってホントかよ?」を突き詰めていっても、答えが出ない場合のほうが多いです。**「疑問」は、本の中に答えはありませんし、どこまでいっても答えを出すのは難しい**のです。

しかし、「質問」は違います。**質問は明確に答えのある問い**のこと。その答えは、本の中に載っている場合がとても多いです。それを指して、僕は「本の中で持つ**質問**の8割以上は、本の中で完結できます」と言ったのです。

そして、**自分で考える力を養うために必要なのは、「疑問」**です。先ほどから述べている通り、「質問読み」は答えがある問いを考えて、答えを本の中から探しつつ読むことで読解力をぐんとあげる読み方です。しかし、それでは「自分で考える力」を養うことにはあまりつながりません。**自分で考える力を養うためには、「疑問」を持ってみるべき**なのです。

・「疑問」を持つ→自分で考える

歴史上、**「質問」ではなく「疑問」を持つことで、人類は進歩してきました。**

たとえば、「地球は本当に平らなんだろうか？」と考えたから「地球が丸い」とわかりました。はじめは「食べたらいけないものだ！」と言われていたじゃがいもやトマトも、「本当に食べたらダメなのか？」と考えた人がいたから、現在の食卓に上がるようになっています。「車には運転手が必要」という常識を「本当に？」と疑ったからこそ、「無人の自動運転」が可能になってきています。

大きな発見は、いつの時代も「常識を疑う」ことで行われてきました。**「疑問を持つ」という行為は、実はとても大切な行為**なのです。

なぜなら、**疑問とは「一歩進むこと」**だからです。

常識や本の内容を疑うことで、常識や本の内容を鵜呑みにしている状況から一歩進むことができる。もちろん「質問」でもそれは可能ですが、やはり**答えを想定していない「疑問」のほうが、殻を破れます。**

「質問」は著者が想定しているものですが、「疑問」はそれを想定していない分、**本の内容を飛び越える**ことができます。事実、先ほどの「本の中で持つ質問の8割以上は、本の

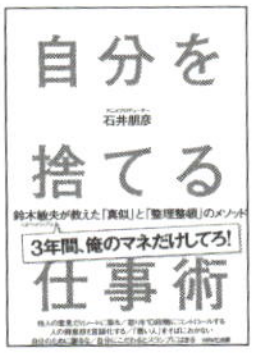

自分を捨てる仕事術

「自分を捨てる」という、ある意味残酷で、でもすごく必要な考え方を提示してくれる1冊です。「本当に『自分を捨てる』ということは有効なのか?」と疑問に思いながら読むと面白いと思います。

石井朋彦著　WAVE出版

中で完結できます」の文だって、「ホントかな？」と本の内容を飛び越えて、「質問」と「疑問」の違いについて考えた人だけが、「質問と疑問の違い」という新しい知識にたどり着くことができたのです。

「疑問」を持つことは、読解には大きな影響はないかもしれませんが、その分普通に本を読むだけでは得られない「自分で考える力」を身につけることが可能になるのです。

「質問」は**「著者の考えに沿った問いを立てる」**ことです。それに対して、「疑問を持つ」というのは、**「自分で問いを立てる」**ということです。著者が想定した「問い」以外の問いを、自分の力で作ることなのです。

もちろんこれは、「質問読み」と比べてけっこう大変です。しかし、これができれば、これからの時代で求められる**「考える力」が身につく読書**ができるようになります！

東大読書
Point 22

質問を考えると読解力が、疑問を考えると思考力が高まる。

「追求読み」の方法

それでは具体的に、「追求読み」のやり方を見ていきましょう！

①1回読んだ本や章を選ぶ

1回きちんと読んだ本なら何でもかまいませんので、**1冊本を選んでみましょう**。1回読んだことのある1章などでも問題はありません。

②その本を、「本当にそうか？」と常に疑問を抱きつつ読んでいく

1回読んだことのある内容を、**「本当にそれが正しいのか？」**と考えながら読み返してみましょう。最初に読んだときは鵜呑みにした事柄・言説から、「本当に正しいかどうか」「納得できないことはないか」と疑問をあぶり出すのです。

③読み進めていく中で、抱いた疑問が解消されるか、残り続けるかを見極める

たとえば、「働き方改革には批判が多い」という文に「本当だろうか？」と疑問を持ったとして、「働き方改革はあまり進んでいないため、批判が多い」という文が後ろに続くか

日本につけるクスリ

2人の対談で構成されている本。さまざまな分野の問題に対する具体的な解決策が書いてある良書です。他の本と比べて説明の文が少ないので、「追求読み」しながら読むと理解が深まります。

安部敏樹、竹中平蔵著　ディスカヴァー・トゥエンティワン

もしれません。その言葉で疑問が消えるのなら、その疑問は終了。

しかし、「それだけでは納得できない」ということであれば疑問を抱き続け、「あまり進んでいない」に対して「本当だろうか？」という気持ちが強ければ、今度は「あまり進んでいない」に疑問を変えてみましょう。

この、**「疑問が消えるか消えないか」は、自分のフィーリングで選んでかまいません。**

その理由は後述します。

④本や章を読み終わるまで残り続けた疑問をノートに写し、調べてみる

最後まで抱き続けた疑問だけをノートに書き写して、それを調べます。**納得できなかったもののすべてを調べるイメージ**です。

もちろん、そのすべてを解消できるわけではありませんし、ネットや本で調べても判断がつかないものもあるかもしれません。それでも、**「調べる」という過程こそが重要**なんです。

自分で持った「疑問」を、自分の力で「解消するために調べる」ということをすれば、**それは「自分で考えて調べる」という大きな訓練になる**のです。

ここでオススメ！

1冊の本を読むときなどには、疑問を多く持ちすぎると忘れてしまいがちです。先ほどの「質問読み」と同じ要領で、疑問に付箋をつけて残しておくのがオススメです。解消したら取って、疑問を持ったらまたつけて、を繰り返していきましょう。こうすれば、最後に残った疑問をまとめやすいはずです。

・「追求読み」の注意点

一度読んだ本や章で「追求読み」をするのはなぜかというと、一度は疑問を持たずにスルーしてしまった本の中からのほうが、「そういえばここはこの前読んだときはスルーしていたけど、実際のところはどうなんだろう？」と疑問を考えながら読む**「追求読み」の効果がわかりやすく、また疑問も持ちやすいから**です。そうして浮き彫りになった疑問をノートにまとめれば、**「自分の力で考えた」疑問を可視化できる**のです。

また、「疑問が消えるか消えないか」を自分のフィーリングで選んでいい理由は、**「追求読み」には正解がない**からです。だからどんな疑問を抱いてもいいし、どういう風に自分で納得してもいいのです。

「一度は何の疑問も持たずにスルーしてしまった内容の中から、自分の中で解答も想定せずに疑問を作り出し、さらにその解答を調べるという習慣をつける」

これが、**あらかじめ想定された枠を飛び越えて疑問や意見を持つ足がかり**になるのです。

こうやって**「自分で考える」ことを意識的に続ければ、「自分で考える力」を鍛え上げることができる**のです！

1冊分丸々をはじめからやるのは、けっこう大変だと思います。**まずは1章からスタートして、2章分、3章分と量を増やしていきましょう**。そうやってだんだんと慣らしていけば、「追求読み」がどんどんうまくなると思います。

東大読書
Point 23

調べるのは「最後まで残った疑問」だけでいい！

「追求読み」は、結局「深い知識」につながる

「追求読み」には、もう一つ大きな効果があります。**「自分で考えるから、より深い知識が得られる」**ということです。

「他人からの回答」というものは、自分のものではない分、頭に入りにくいです。数学の問題でも、わけのわからないまま解答の式を写し続けて理解できるようになる人はいませんよね？　そんなのは東大生でも不可能です。

きちんと「この解答ってどうなっているんだろう？」「これで本当に証明したことになるのかな？」と、**自分の中で「問い」を立てながらその答えを探し続ける**ことで、普通に解答を見るよりも多くの情報を得たり、身につけることができるようになります。

これと同じで、疑問を持ったり自分で解消したりを繰り返すことで、真に本の内容を**自**

分のものにできるようになるのです。

実は東大の授業でも、まったく同じことをやっています。

「授業の中で疑問を持った部分に関して、自分で調べてレポートを提出しなさい」という学期末レポートを課す授業が東大の中にはかなり多いです。

「この本を読んでレポートを書きなさい」とか「この授業の中で出た問いの答えをまとめなさい」と課したほうが、学生に授業の内容をより「多く」覚えさせる契機になりそうなものですが、しかしテーマを設定せずにあえて「疑問」を学生1人ひとりに考えさせ、調べさせるのです。そのほうが、**学生自身がその学問に関しての意見をより深めたり、より深く考える契機になる**からだと思います。

これと同じように、得られる情報量自体は「質問読み」のほうが多いですが、**考える力・意見を深める力は「追求読み」のほうがより鍛えられる**のです。「自分で勝手に考える」という方式を取ることで、**「自分で勝手に考えて、自分なりにテーマに対して向き合う」**ということができるようになるのです。

いかがでしょうか？　難しい分、こんな風に「追求読み」にはメリットも多いです。ぜひ実践してみましょう！

東大読書
Point 24

「追求読み」は、東大でも頻繁に使われる実践的なトレーニング！

THE UNIVERSITY OF TOKYO READING TECHNIQUES

STEP 3

整理読みで難しいことも「一言」で説明できる

——東大生は立ち止まりながら読む

1 整理読みとは何か？

本を読む上で、いちばん気をつけるべきこと

みなさんは、**本を読む上でいちばん気をつけなければいけないこと**は何だと思いますか？

「途中で読み間違えてしまうこと？」「前に読んでいた内容を忘れてしまうこと？」

いいえ、違います。正解は、**「わかった気になってしまうこと」**です。

本を読むと、人は「わかった気になって」しまいやすいのです。

・一言で言い表せなければ、わかっていないのと同じ

多くの人は、本を読んでも「わかった気になっている」状態で終わってしまいます。

たとえば、いちばん最近に読んだ本のことを思い出してください。その本で、著者は何を伝えたかったのか、わかりますか？　**一言で言い表してみてください**。

……なんて言われて、きちんと言い表せる人は稀です。何度も本を読み返していても、「一言で言い表す」ということはなかなかできません。

しかし、**「その本で著者が何を伝えたかったのか」を一言で言い表すことができなければ、「わかった気になっている」のと同じ**なんです。

本当に理解できているかどうかは、短い言葉で伝えられるかどうか、つまりは**「要約できるかどうか」**でわかります。

STEP1でも申し上げましたが、どんなものにも「ミクロなモノの見方」と「マクロなモノの見方」が存在します。細部や部分部分を理解するのは「ミクロなモノの見方」、全体としての大きな流れを理解するのは「マクロなモノの見方」です。

それで言うと、どんなに部分が読解できても、**「要するに何なのか」が理解できていない状態というのは、「マクロなモノの見方」ができていない状態**と同じなんです。

「ホントかなあ？」と思うのであれば、1つ「イジワル」をお教えします。

あなたの友達に、「君が最近読んだ本の著者が、何を伝えたかったのかを教えて」と聞いてみてください。

一言で返ってきたなら「イジワル」はできませんが、しかし長い言葉で返ってきたら、その言葉を覚えておき、その人が読んだという本をこっそり読んでみてください。

おそらくその人の言葉は、ちゃんと本の中に書いてある言葉だと思います。しかし、それはきっとただの**「部分」**、つまりそれ以外にも書いてあることはたくさんあるのに、「細部」を切り取っただけであって、全体ではないことがわかるはずです。

・東大入試も「要するに何なのか」が問われている

実は僕は、このイジワルを日常的に人にやっています。

なんて言うと、僕が酷いヤツみたいですが、違います。**受験生に国語の勉強を教えているときに**、聞くのです。「この国語の文章、要するに何を伝えたかったのか、一言で言ってみて？」と。

すると、面白いくらいに差が出ます。文章の内容を自分の中で整理できており、一言できちんと言い表すことができた生徒は、その後に続く問題も、簡単に解けてしまいます。

逆に、文章の内容を自分の中で整理できておらず、一言で言い表せなくて長くなってしまう生徒は、その後の問題も間違ってしまうことが非常に多いです。

「一言で言い表すことができるかできないか」。これが、文章をわかっているかわかっていないかの分水嶺なんです。

これと同じことを言っている国語の先生はたくさん存在しますし、またそれを象徴するかのように、国語の入試問題でもよく「筆者が言いたいことを言い表している一文を次の選択肢から選べ」なんて問題が出題されます。

東大も、**「短くまとめられる＝ちゃんと理解している」**だととらえています。

たとえば東大の入試問題では、大学入試の問題としては珍しい「英語の要約問題」が出題されます。英文のレベルとしては難しくないのですが、「1500ワード程度の英文を、50～60字の日本語で書き表せ」というのは、英語が読めたとしても難しいです。

自分を知るための哲学入門

哲学の入門書として完璧な本だと思います。わかりやすい上に哲学をどう使うべきなのかもわかるので、ためになります。ぜひ本の内容を整理しながら、自分の力にしてみてください。
竹田青嗣著　筑摩書房

その他の科目でもまったく同じです。

たとえば「ラティフンディアとは何か答えなさい」というような知識を問う世界史の問題は多いですが、普通は「100字以上で答えなさい」という設問の要求になるのに対して、東大は「60字以内で答えなさい」というように、文字数制限がとても厳しくなります。少ない文字数で、いかにその問題で問われている知識を言い表すかが勝負になることが多いのです。

要するに、**少ない文字数で自分の考えや人の意見をまとめることができないというのは、ちゃんと理解していない**ということと同じなんです。

東大読書
Point 25

短い言葉で言い表せなければ、理解していないのと同じ。

わかった気になるのはなぜ?

では、「一言で言い表す」ということができない状態なのに、なぜ「わかった気」になってしまうのでしょうか?

その答えは、**「単純に本が長いから」**です。

みなさんは、話の長い人と短い人、どちらのほうが好ましいですか?

話の長い人というのは嫌われる傾向にあります。たとえば、学校で校長先生の話が長いと、生徒から「早く終わらないかな」と思われてしまいがちです。

でも、校長先生の話が「今週も元気にがんばってください。以上」だったら、それはそれで味気ないですよね?

人間は、**長く語られていたほうが話を聞いた気分になる**のです。長く人の話を聞いていれば、分量の多い本を読めば、わかっていようがいまいが、わかった気になるものなんです。逆に、短い分量のものではなかなかわかった気にならない。「この理解でいいのかな?」と不安になるわけです。

「多い」とか「長い」というのは、つまりは**「情報がたくさんある」**ということです。情報が多いと、それだけで多くのことを知った気分になり、**まったくその情報を整理していなくても**、多くのことを知って「わかった気」になります。

しかし、整理ができていない情報は使えません。**そんなものは知識ではない**のです。「知識」と「情報」の違いはSTEP2でも説明しましたが、その情報がどういう情報かわからず、いざというときにまったく使えないとしたら、そんな情報はいらないですよね？

必要なのは、**情報を整理して、一言で言い表せる状態にする**こと。その状態になってはじめて「理解できた」ということになるのです。

「わかった気になっている」状態を脱して、**情報を整理して一言で言い表せる状態にする読み方**。それが今からご紹介する**「整理読み」**なのです。

東大読書
Point 26

本は長いので「わかった気」になりがち。

本は「魚」である

さて、「どうやったら整理読みができるようになるのか」の説明に移る前に、みなさんにご理解いただきたいことがあります。

それは、**「本は魚だ」**ということです。

・何がいちばん言いたいことなのか？

STEP1では、読書を「森」として説明しました。読み手にとって、読書というのは「真っ暗な森に入っていくようなものだ」と。

しかし、本を書く側にとっては違います。**本を書く側にとって、本とは「魚」**なんです。

それを示すために、クイズです。次の文章の中で、いちばん著者が伝えたい文はどれだと思いますか？　2つ選んでみましょう。

人の評価などを気にするというのは愚かなことなのです。

フランスの救国の聖女・ジャンヌ・ダルクは、魔女裁判で火刑に処されて最期を迎え、死後約500年経ってから聖人に認定されました。あのシェイクスピアも、自分の著書の中でジャンヌのことを罵倒していたりします。その他にも、ジャンヌのことを否定する言説は数多く存在します。これは、イギリスがフランスの敵対国だったことに端を発します。

逆に、ナチスドイツのアドルフ・ヒトラーは、第2次世界大戦が始まる前は「歴代最高の政治家」でした。600万人いた失業者を劇的に減らし、ドイツを世界第2位の経済大国にまで成長させるなどの、天才的な政治的手腕を発揮していたからです。しかし今では、ヒトラーの名前は悪名高く世界に広まっています。

このように、人間の評価というのは、時代や評価する人によって変わってしまうものなのです。

さて、2つ選びましたか？　正解は、最初と最後です。

「人の評価などを気にするというのは愚かなことなのです」

「このように、人間の評価というのは、時代や評価する人によって変わってしまうものなのです」

この2文が、著者が伝えたいメッセージです。

分量的に多いジャンヌ・ダルクの話でもアドルフ・ヒトラーの話でもなく、伝えたいのは「人の評価」についての話なんです。

いったいなぜ、分量に関係なくこの2文が大切なのか？　それは、**この2文が最初と最後に書いてあるから**です。

文章や本というのは、**著者の「結論」「言いたいこと」が冒頭に来ることが多い**です。「人の評価などを気にするというのは愚かなことなのです」とかですね。

でも、それを言っただけでは読者にはわかってもらえませんし、納得もしてもらえません。そこで、例を示したり、他の人の言説を引用することで自分の意見を補強します。

「みんなもこういう経験あるでしょ？」「この有名な科学者もこんな風に言ってたんだよ！」などです。ここで言うと、「ジャンヌ・ダルクだってそうだったんだよ！」「アドルフ・ヒトラーもそうだったんだよ！」というのが例示ですね。

そして、それが終わった後に、**もう一度最初の結論に立ち戻ります**。「ということで、わかってもらえましたね？　こういうことなんです！」と言い直すわけです。ここで言うと、「このように、人間の評価というのは、時代や評価する人によって変わってしまうものなのです」がそれに当たります。

これが、文章の根幹。**どんな文章もこんな風に作られている**のです。

・「本は魚」とはどういうことか？

さて、みなさんは魚を食べたことはありますか？　魚って、頭から尻尾まで1本、きちんと骨がついていますよね？　その骨に美味しい身がついていて、みなさんはそれを食べると思います。

文章も一緒です。**どんな文章でもどんな本でも、最初から最後まで1本、「骨」になる「主張」が通っている**のです。スタートからゴールまで、方向は定まっているわけです。そして、**その「骨」になる「主張」に、さまざまな「身」がついている。**先ほど紹介した、例や根拠などです。

あくまでも**著者が伝えたいのは「骨」であって「身」ではありません。**

でも、分量は「身」のほうが多くなりがちですし、そういう「身」

図表5　本は魚の図表

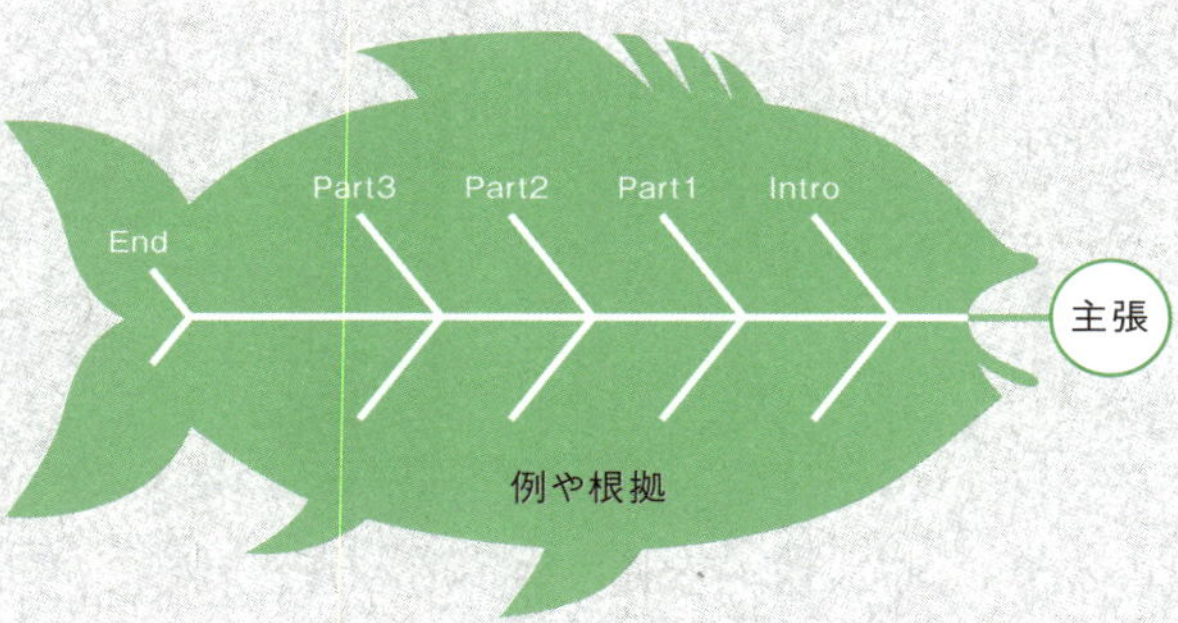

の文章のほうがさまざまな例などがあって、面白く感じられることが多いです。だから、**「身」を美味しく食べていると、「骨」を見失ってしまう**のです。

そこで、「頭」と「尻尾」です。**「骨」を発見しやすいのが「頭」と「尻尾」**なんです。文章の最初と最後に、著者はその「骨」を見せてくれやすいのです。

たとえば、102ページから始まる「本を読む上で、いちばん気をつけるべきこと」という項を見てください。

僕は最初に、「本を読むと、人は『わかった気になって』しまいやすい」と言い、次の項の最後に「『わかった気になっている』状態を脱して、情報を整理して一言で言い表せる状態にする読み方が整理読みなんだ」と言いました。

この2文が僕の主張の「骨」です。イジワルの話とか校長先生の話とかは、がんばって考えた例ではありますが、「身」に他なりません。真に伝えたいのは「骨」の部分ですし、読者のみなさんにも「骨」をご理解いただきたいわけです。

もう一つ例をあげるとするなら、僕はこれからこの項を「ということで、本とは『魚』です。なので、著者の本当に言いたいことを理解するためには、文章の『骨』に注目しなければならないのです」と言って締めるつもりです。今こうやっていろいろご説明している部分は、「身」に他ならないのです。

さらに言うなら、**この本においてはこの項自体が「身」**に他なりません。僕はこの本を、「本は魚なんです！」と言いたいがために執筆しているわけではありません。だから、みなさんがお友達から「その本どんなことが書かれてたの？」と聞かれたときに「本は魚だって書いてあった！」と答えたら、とても悲しい気分になります。

ということで、本とは「魚」です。なので、**著者の本当に言いたいことを理解するためには、文章の「骨」に注目する**ようにしなければならないのです。

東大読書
Point 27

本は「魚」であり、「身」と「骨」がある。「骨」は言いたいことで、「身」はそれを補強するもの。

整理読みとは何か？

「本は魚だ」と考えた場合、**本を読むという行為は、「魚を食べる」という行為**に他なりません。

では、どうすれば美味しく魚を食べることができるのか？　**そのための読書術こそが、「整理読み」**なのです。

・整理する＝骨と身の分離

「整理する」というのは、**「骨と身を分離させる」**ということです。

魚を食べようと思ったら、骨と身をきちんと分離させて、身の部分を食べ、骨を残しますよね？　同じように、**例示や論拠を整理して「身」を食べ、著者が本当に言いたいことである「骨」を綺麗に残す**必要があるのです。

そして、**「ちゃんと骨が残っているのかどうか？」**を確認するために必要なのが**「要約」**です。**「要するに何？」を短文で示せるか**、または**著者が「本当に言いたいこと」が現われているのはどの文なのか**をチェックしつつ読み進める。

これができるようになれば、きちんと整理しながら読解することができます。これが**整理テクニック1「要約読み」**です。

さらに、そうやって読み進めて「骨」さえわかるようになれば、**「次に何が来るか」も「推測」できる**ようになります。「次の章ではおそらく、こういうことが続くはずだ」ということがわかるようになるのです。これが**整理テクニック2「推測読み」**です。

この2つのテクニックを使って読み進めれば、「骨」と「身」を分離して、著者が言いたいことがよくわかるようになるのです。

・「自分の意見」は「骨」と「身」を分離してから！

そうやって**「骨」をしっかり理解できるようになってはじめて、「自分の意見」を持てる**ようになります。

まだ食べられるところが残っているのに「この魚はまずい！」と言ったり、骨と身をうまく分離させることができなかったのに「この魚、骨があった！」と言ったり、そういう批判は成り立ちませんよね？

同じように、きちんと骨と身を分離させてはじめて、つまり、**著者が言いたいことが何**

なのか理解してはじめて、自分の意見が作れるのです。

たとえば109〜110ページの文章に、「いいや！　ジャンヌ・ダルクは聖女だ！　批判するヤツのほうが間違ってるんだ！」「アドルフ・ヒトラーは悪に決まっているだろ！」と批判する人もいるかもしれません。でも、**そんなことを言われても著者は困る**はずです。「それが言いたかったわけじゃないのに」と。

本を読んできちんと自分の考えを持つためには、まず大前提としてきちんとその本が伝えたかったことを知る必要があります。「わかった気」にならず、**著者が言いたかったことをきちんと理解できてはじめて、「自分で考える」ことができる**のです。そのために、「骨」と「身」を分離させる「整理」を行わなければならないのです。

東大読書
Point 28

整理読みとは、「著者の言いたいこと」と「それを補強する言説」を切り分けること。整理ができてはじめて、自分の意見を持つことができるようになる！

「整理読み」の大切さ、わかっていただけましたか？

では、「要約読み」と「推測読み」の具体的な方法をご紹介していきます！

2 要約読みで「一言でシンプルに表現できる」ようになる

「要約」「推測」は訓練すれば誰にでもできる！

さて、これから要約読みの説明に入っていくわけですが、その前に、一点謝らなければならないことがあります。

ここまで偉そうに「整理読み」について語っておきながら非常に申し訳ないのですが、**僕ははじめ、「要約」も「推測」もまったくできませんでした。**

先ほどご紹介した通り、東大の入試問題では要約問題や短い説明を求められる問題がたくさん出題されます。しかし、恥ずかしながら僕は、それらの問題がとても苦手でした。

たとえば、英語の要約の問題。東大合格者なら10分かけて10点満点を楽に取ることができる問題なのですが、僕は30分かけても0点でした。それ以外の問題でも、文字数制限に当てはまるように何かをまとめることができず、いつも「こんな文字数では解けないよ！」と嘆いていました。

そんな僕でも、**今からご紹介する「要約読み」を実践して、要約問題が得意になりました**。「何かをまとめ上げる」という要約力がついたのです。

「推測」に関してもそうです。昔は、「次にどんな文章が来るのか」なんて見当もつかず、「え？　なんでこんな話になったんだっけ？」と何度も確認していました。

何が言いたいのかというと、**「要約力」や「推測力」は、身につけようと思えば身につくもの**だということです。はじめから素質があるとか、才能があるとか、そういうことではないんです。

そして、今からご紹介するのは、**そういった力を「身につけるための」読書術**です。この読書術で「要約」「推測」に慣れることができれば、もう「要約読み」や「推測読み」をしなくても自然とできるようになってきます。

だから今からご紹介するのは、**「訓練」**なのです。僕がそうだったように、この訓練を積めば、みなさんもこの力を身につけることができるはずです。

「訓練」というだけあって、実はこのテクニックはちょっとめんどくさい部分もあります。しかし、それは「訓練」なので当たり前の話。**自然にできるようになったら、この「訓練」はおしまい**です。「要約」や「推測」が得意になるまでは実践してみましょう。

そして**要約・推測に関しては、コツさえつかんでしまえば誰でもできる**ようになります。コツがつかめるようになるまで「要約読み」を実践して、「まとめる力」を鍛えるようにしましょう！

東大読書 Point 29

「要約」も「推測」も、訓練すれば誰でも身につけられる技術！

「要約読み」のやり方

では、具体的な「要約読み」の方法を見てみましょう。

①1節・1章分を読み、その中から「要約的な一文」を探す

1節・1章を読み終わったら、「ここがこの節・章の内容をいちばん端的に表しているな」と感じられる一文を探しましょう。探し方のテクニックは後述。

②その一文を踏まえて、ノートに30字以内で1節・1章の「まとめ」を書いてみる

要約的な一文の**内容を咀嚼した上で、それを30字以内に書き直してみましょう**。

たとえば、「『わかった気に』ならず、著者が言いたかったことをきちんと理解できてはじめて、『自分で考える』ということができるのです」を踏まえて、「整理ができてはじめて、自分の意見を持つことができるようになる」とまとめ直す。要は**わかりやすく書き直すイメージ**です。

「30字以内でまとめられるかな？」と心配かもしれませんが、①で探した一文自体が30字以内である場合も多いので、意外と問題ありません。

そして、それをすべての節・章で行った上で、最終ステップです。

③「まとめ」を踏まえて、章全体・本全体のまとめを140字以内で作ってみる

5節で1章、3章で1冊の本になっている本ならば、5節分の内容をまとめ直した段階で1章分のまとめを、3章分のまとめを書いた後で1冊分のまとめを書きましょう。

140字というのは、ちょうどTwitterの制限文字数です。**Twitterでまとめを書いてみて、140字以内になるように調整**していきましょう。

うまくできたら、それをつぶやいて他の人に「ちゃんとまとめられているかどうか」を確認してもらうのもいいと思います。

「#東大読書」でつぶやいてくれれば、時間が許す限り僕がチェックします！

例：佐々木圭一著『伝え方が9割』

今の時代「伝え方」を変えるだけで人生は変わり、「伝え方」とは技術的な面がある。伝わりやすい言葉は閃きではなく技術で作ることができる。お願い事をするときには相手の側に立って伝えることで成功率が急上昇する。「強い言葉」は本当に伝えたいこととの高低差を利用することで作ることができる。（139字）

この①〜③を実践すれば、要約的な書き方が身につくようになります。

はじめは1節分で実践し、1章を140字以内でまとめられるように訓練していきましょう。慣れてきたら、1節分は作らずに1章分だけで訓練を進め、1冊の本のまとめを作ってみてください。

ここでワンポイント！

要約は「誰が見てもわかるように」書きましょう。たとえば、「骨と身を分離させるのが整理読み」という文章を見たとしても、この本を読んだ人でなければちんぷんかんぷんだと思います。

要約というのは「その本を読んだ人でなくても、中学生でも理解できるように」書くことで精度がぐんと上がります。ぜひ、「誰が見てもわかるように」まとめましょう。

伝え方が9割

人に伝える技術を学べる良著でした。さまざまなテクニックが書いてありますが、いずれも「相手の側に立って伝える」ということを徹底していて、大変役に立ちました。
佐々木圭一著　ダイヤモンド社

東大読書
Point 30

節・章の要約的な一文を探し、部分的なまとめを30字以内で書く。それらを見ながら、140字以内で全体のまとめを書こう！

「要約的な一文」の探し方

さて、要約的な文の探し方のテクニックは以下の通りです。

①最初と最後の近くの文

先ほども言いましたが、**もっとも「要約的な文」がありがちなのは「最初」と「最後」**です。

著者が「自分がこれからどういう主張をしようとしているか」を語ってくれやすい最初。

著者が「自分が今までの内容を通してどういう主張をしたかったのか」を語ってくれやすい最後。この2カ所は、いちばん「骨」になりやすい文が載っています。

特に、最初に「～とはどういうことなのでしょう?」といった具合に**質問**が書かれていて、最後に「～とは、こういうことだったのです」といった具合にその**回答**が書かれている場合は「骨」の可能性が高いです。**最初のほうの「?」には注目**してみましょう。

②「しかし」の後の文

著者が何かを主張したい、本にして誰かに届けたいと考えたということは、それを主張したくなった何らかの「理由」があるはずです。その「理由」のいちばんありがちな例が、**「世間の人がみんな間違っているから」**です。

「みなさんは、地球温暖化は存在すると思っているでしょう。でも違うんです!」

そんな風に、**「世間一般の間違った認識を否定するため」**に本を書くということはよくある話。

なので、**「しかし」「でも」などの否定の接続詞の後には著者が伝えたい主張が来やすい**のです。「地球温暖化は実は存在しないんです」など、現状の風潮を否定する言葉が後ろに続く可能性が高いわけです。

同じ理由で、**「実は」**とか**「本当は」**とか、そういった言葉の後ろも要チェックです。

「みなさんは、地球は平らだと思っているでしょう。実は違うんです！」

「実は」「本当は」というのは**「意外性」**を示す言葉。一般的な考えが前提にあって、「その考えの人から見たら意外だろうけれど」という意味で使われることが多いのです。

③「〜なのではないでしょうか？」文

「〜だ」「〜なんです」などの断定の語尾の文は、よく見かけると思います。これらの語尾は、著者の意見を示しているところなので要約な文になりやすい、と考えられるのですが、実はこれよりももっと「著者の言いたいこと」が現われている語尾があります。

それは**「〜ではなかろうか？」「〜なのではないでしょうか？」**などの、ちょっと疑問が入っている語尾です。

日本語の不思議なところで、「〜だ！」とか「〜なんです！」と書かれているよりも、「〜ではなかろうか？」「〜なのではないでしょうか？」という風に**少し自信なさげに言ったほうが、より強い意味になる**んです。騙されたと思って、確認してみてください。けっこう多くの文章で、この傾向は当てはまります。

④「装丁読み」で見つけた内容が書かれた文

STEP1で「カバーや帯に書いてあることは要約的な文が多い」とご紹介しました。これは要約をして「骨」を見つける上で大きなヒントになります。「要約読み」をする上で、これを使わない手はありません。**「装丁読み」で作った付箋を見返しながら、要約を作ってみる**ようにしましょう。きっと、いい要約文ができますよ。

また、はじめは「30字以内」とか「140字以内」で書き上げるというのは難しいかもしれません。僕も苦労しました。しかし、ちゃんとそれくらいの短い分量でまとめ上げることができるようになれば、要約がだんだんと得意になってきます。

東大読書 Point 31

「最初と最後」「否定の後」「問いかけの文」「装丁読みの付箋」に着目すれば要約が簡単になる！

「要約読み」の効果とは？

実践していただければわかりますが、「要約読み」はけっこうきついです。

「この内容、どうしても短くできない！」「この節の内容、切ってもいいのか？　重要っぽいけど……」と、思い悩むことも多くなると思います。

しかし、それでいいんです。**そうやって思い悩むことこそが、この「要約読み」の効能なのです。**

多くの人は、「多く書け」「長く書け」と言われた経験はあると思います。大学のレポートでも小論文でも企画書でも、多くの情報量を求められる場面はよくあります。

しかし、**「情報に優先順位をつけろ」「情報を圧縮しろ」**と言われることは少ないはずです。

無理もありません。

先ほども言いましたが、**「多い」とか「長い」というのは、それだけで人をわかった気にさせる**ものです。ページ数2枚の企画書よりも、ページ数20枚の企画書のほうが、なんとなく「良い企画書」な気がしますよね？　それと同じで、人は「情報は多いほうがいい」という価値観を持ちがちです。

しかし、今はネットで検索すれば簡単にさまざまな情報を得ることができる時代です。これから先、必要になってくるのは情報量そのものではなく、「情報をいかに取捨選択するか」のほうなのではないでしょうか？

「要約読み」を実践して、苦労して1冊の内容をまとめる経験をしておけば、**情報を取捨選択することができる**ようになります。そうやって「要約力」を鍛えれば、自分の意見もまとめることができるようになるのです。

実は僕は、この読み方を実践する前までは「お前の話は要領を得ない」と言われることが多かったです。それが、この読み方を実践して、「要約」に慣れ親しむようになってからは「話がわかりやすい」と言われるようになりました。

こんな風に、自分の意見を伝えるというタイミングにおいても、「要約力」というのは活きてきます。情報過多なこんな時代だからこそ、**「情報を取捨選択したり圧縮した経験」**は大切になってくるのです。

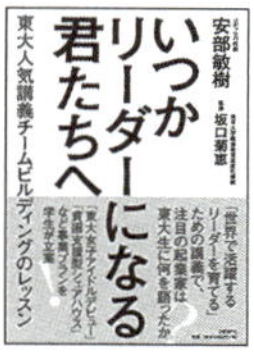

いつかリーダーになる君たちへ

東大の講義を本にした1冊。非常に魅力的な著者が語る「リーダーシップ」「チームビルディング」のあり方や「社会課題」というテーマは興味深く、ためになったと感じます。チームビルディングの本と「パラレル読み」するのも、一講義ずつ「要約読み」するのもオススメです。
安部敏樹著　日経BP社

東大読書
Point 32

「要約読み」で情報の取捨選択に慣れれば、「端的に伝える力」が身につく！

いかがでしょうか？　「要約読み」を実践して、ぜひ「情報をまとめる力」を身につけてみてください。

3 推測読みで「次の展開」を予測できるようになる

実はみんな「推測読み」をやっている

さて、これから**本の内容を先取りし、次にどんな文章が来るかを考えながら読む「推測読み」**を紹介していくわけなのですが、「推測」なんて言うと、「難しいものなのではないか？」と考える人もいるでしょう。「そんな未来予知みたいなことなんて……」と。

でも、大丈夫です。実は、**「推測読み」は、多くのみなさんが日常的に実践しているこ**となのです。


たとえば、「しかし」と書かれていたら、その後にはどんな文が続くでしょう?

おそらくは、前の内容とは異なる文が続いているはずです。

また、この本でも多いですが、「多くの人は、こんな風に考えていると思います」と書かれていたら、次には何が続くでしょうか?

おそらくは、「しかし、そうではないんです!」と、その内容を否定するような文が続くはずです。


このように、日本語を使って生きている僕たちならば、ある程度**「話の流れ」をつかむことができる**んです。それも、「学校の授業で習ったからわかる」とか「本で読んでわかるようになった」ということではなく、**友達との会話や、ちょっと文章を読んだ経験があれば、ある程度経験則的に理解できてしまったりする**のです。

「推測読み」は、何も未来予知をして次の展開を予想しようと言っているのではありません。太陽が東から西へ進むように、**パターンを知ることで次の流れがある程度予想でき**

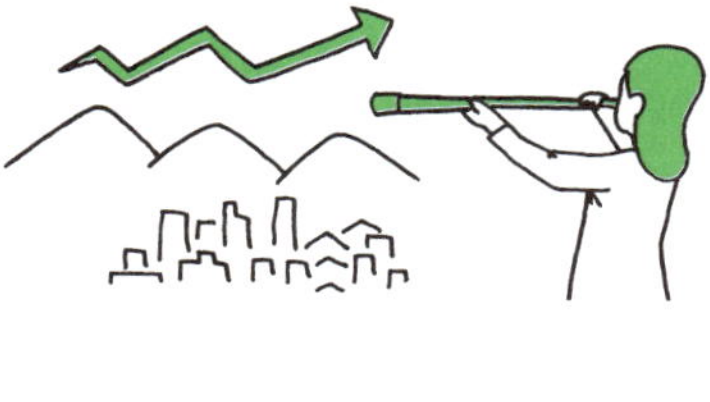

てしまうことがあるので、それを利用して文章を読もうと言っているのです。

そうすれば、どんな文章が出てきても「なんでこんな流れになったんだ?」「あれ? 今何を言っているんだろう?」ということがなくなります。前の文章を要約できたなら、そこから先の展開は予想がつく。それを想定しながら読解することで、格段に文章が読みやすくなるのです。

東大読書
Point33

推測読みは誰でもやっている! 難しい技術ではない。

推測読みのやり方

では、具体的な「推測読み」の方法を見てみましょう。

①新しい節・章を読む前に、今までの「要約読み」でまとめた要約文を見直す

「今までの」、というのがネックです。1個前の章や節だけではいけません。

たとえばドラマや漫画でも、1話前・1巻前を読んだだけでは流れが理解できませんよね？　1話目・1巻目から全体を読み直してはじめて、最新話・最新刊の内容が予想できるようになるはずです。

同じように、1個前の展開だけを追っても「推測」はできないのです。きちんと「今までの」まとめを読み直しましょう。

②次の節・章のタイトルを確認し、「次の節・章には何が書いてあるのか」を考えてノートにまとめてみる

STEP1の「装丁読み」でお話しした通り、本というのは**カバーや帯に書いてあることをヒントにする**ことができます。

その「装丁読み」を、今度は**「次の章のタイトル」でもやってみればいい**のです。

「今までのまとめ」と「次の章のタイトル」の2つを材料にして、**次の展開を予想して、ノートにまとめてみましょう**。文字数は気にしなくて大丈夫です。長く書けるなら長く、短くなってしまってもまったく問題ありません。

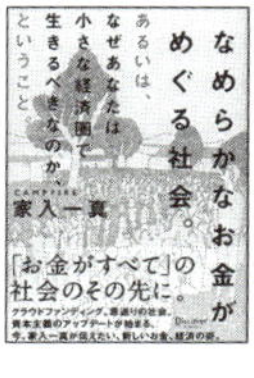

なめらかなお金がめぐる社会。

クラウドファンディングのウェブシステム「CAMPFIRE」を立ち上げた著者による「資本主義のアップデート」が書かれた本。「次はどんなことが書かれているだろう?」と推測しながら読むと、内容が非常に理解しやすくなります。
家入一真著　ディスカヴァー・トゥエンティワン

ここでワンポイント！

「装丁読み」で書いた付箋も、ヒントにしてみましょう。ＳＴＥＰ１でご説明した通り、カバーや帯に書いてある情報は「その本の要約的な要素」を持っています。これを読み返すことは、次の展開を推測する上で大きなヒントになるはずです。

①②で「推測」を作り上げたら、最後はそれをチェックです。

③その章でも「要約読み」を行い、「推測読み」がどれくらい正しかったかを確認する

「要約読み」を同時並行で行うことで、その「読み」がどれくらい正しかったのかを確認してみましょう。はじめは間違いだらけかもしれませんが、やっていくうちにどんどん精度が上がってきます。

東大読書
Point 34

「今までの」要約を読み、次の節・章の「推測」を「ノートにまとめ」て、「要約読み」で確認しながら読み進めよう。

「推測」の4パターン

さて、でもいきなり「推測してみましょう！」と言われても大変かもしれないので、「推測できる次の展開のパターン」をまとめてみました！

①例示

一度、前の節・章で**抽象的なことを言った後で、例を示していくパターン**です。

たとえば『伝え方が9割』は、以下のような構成になっています。

第1章　「伝え方にも技術があった！」

第2章　「『ノー』を『イエス』に変える技術」
第3章　「『強いコトバ』をつくる技術」

まず第1章で「伝え方は変えられる！」「技術次第で強いコトバが作れるんだ！」と書かれていた場合、「きっと第2章・第3章では、具体的な伝え方の技術の話がくるのでは？」と推測できると思います。

これと同じように、**一度説明したことを、再度例を交えて、その説を補強しながらもう一度説明するパターン**は非常に多いです。この場合、著者が本当に伝えたい「骨」になる部分は抽象的な概念のほうであり、例示はあくまでも例示、その概念を補強する「身」だととらえることができるでしょう。

②比較

一度提示したものを、それと**比較できる対照的なものを持ってきて説明するパターン**です。

たとえば、死刑制度賛成派の考えを提示した後で「今度は死刑制度に反対の人の意見を見ていきましょう」と正反対の意見を持ってきて比較したり、男性的なモノの考え方を提示した後で女性的なモノの考え方を紹介し、今度はジェンダーレスなモノの考え方を提示してみたり。

そんな風に、**1つの考え方・事物を紹介した後に、それと比較対象になる何かを提示する**ことはよくあるのです。

『新・所得倍増論』という本は、第1章が「日本はほとんど『潜在能力』を発揮できていない」となっており、第9章は「日本の『潜在能力』をフルに活用するには」です。

この2つも比較ですよね？「現状、これができていない」「こういう問題点がある」と提示した後で、「こうすればいい」「この問題はこれで解決する」といった風に理想を提案するパターン。これも、比較だと考えることができます。

1つ気をつけていただきたいのは、**「比較」が行われる場合、9割は「片方が著者の言いたいこと」**だということです。

恋愛を扱った漫画・小説には、主人公の恋路を邪魔する登場人物や、ヒロイン以外で主人公のことを好きな登場人物が出てくることが多いです。しかし、最終的にはそれらの登

ドイツの地方都市はなぜクリエイティブなのか

さまざまな角度から、具体と抽象を行き来しながら「ドイツの地方都市がなぜクリエイティブなのか」について語っていく、面白い本です。「推測読み」で次の展開を予想しながら読んでいくとよいでしょう。
高松平蔵著　学芸出版社

場人物とはくっつかず、ヒロインと主人公が付き合うことになるわけです。それらの登場人物は、物語を盛り上げたり、比較対象として登場したキャラクターだと考えられます。

これと同じで、**自説を強調するためにわざと比較対象を用意するパターンが非常に多い**です。なので**「どっちが本当に著者の語りたい内容なのか？」**を常に考えましょう。

③追加

実はいちばん多いパターンがこれ、「追加」です。

今まで紹介していなかった新しい考え方を読者に提示して、その後の文の流れを導くパターンです。著者が言いたいことを言うために、追加の情報を提示してその後の展開につなげていくパターンとも言えます。

『LIFE SHIFT』という本は、「第5章 新しいシナリオ」「第6章 新しいステージ」「第7章 新しいお金の考え方」「第8章 新しい時間の使い方」となっています。この本は「新しい人生戦略について」を語る本なので、その「新しい考え方」を第5～8章で追加的に提示しているのではないか？　と推測することができます。

④抽象化・一般化

「①例示」の逆で、**先に「③追加」で問題や事例を提示した後で「これらは共通して、こういう問題があるんです！」と説明するパターン**です。「みなさん、こんな経験はありませんか？」→「実は、これらはこういうことができていないから起こってしまうんです！」なんて展開です。

他の3つと比べると数は少ないですが、この場合ちょっと「著者が言いたいこと」が見えにくくなる場合があります。

「例ばっかりで、どうしたんだろう？」と思わせておいて、「実はこれらの例は〜」と来るわけなので、「ああ、この抽象化・一般化された後の概念が本当に言いたかったことなんだな」と理解しなければなりません。そこも含めて推測できるようになれば、推測がうまくなった証拠です。

これらの推測のパターンを参考にしつつ、「推測読み」をやってみましょう。

東大読書
Point 35

「例示」「比較」「追加」「抽象化・一般化」の4パターンを駆使して次の展開を「推測」しよう！

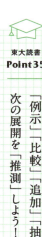

4パターンで「著者が言いたいこと」を外さなくなる!

①〜④で推測のパターンを列挙しましたが、これらに共通して言えることは、「著者が本当に言いたいことを追うのが推測だ」ということです。**「骨」になる主張が何なのかを見極めながら推測するのが「推測読み」**なんです。

著者がなぜ文章を書くのかといえば、「骨」になる「自分の主張」「自分が本当に言いたいこと」を読者に伝えるためです。そのために、さまざまな展開をしながら書き進めるわけです。

それを推測するという行為は、そのまま**「骨が何なのかを追う」という行為**に他なりません。「何を伝えるための文章なのか」を確認しなければ推測はできませんし、逆に**「著者の言いたいこと」がわかれば簡単に①〜④のパターンに当てはめて推測することができます**。

そして、何度も言う通り、**推測は「パターン」**です。

文章のパターンなんて、先ほど紹介した4つに分類される以外にはほとんどありません。

だから、**よく使われる先ほどの4つのパターンさえ自分の中にインストールしてしまえば簡単に次の文が推測できるようになりますし、誰でも理解できるようになります**。

「要約して今まで読んだ文章をまとめる」「パターンに当てはめつつ次の文章を推測する」という2つのことを同時に行っていけば、「骨」を見失うことはなくなります。「ああ、こういうことが言いたいんだな。つまり、こういう展開になっていくはずだ」と、**情報を常に「整理」しながら本を読めるようになる**のです。

繰り返しになりますが、これは訓練すれば誰でも身につく技術です。「要約読み」と「推測読み」を実践して、「要約力」「推測力」を身につけ、著者の言いたいことを外さない読解をしていきましょう!

東大読書
Point 36

「要約読み」「推測読み」を同時並行すれば、常に「整理」しながら読めるようになる!

THE UNIVERSITY OF TOKYO READING TECHNIQUES

STEP 4

検証読みで「多面的なモノの見方」を身につける

――東大生はカバンに「2冊の本」を入れている

1 本は「2冊同時」に読むことで効果が何倍にもなる！

1冊ずつ読んではいけない！

早速ですが、みなさんに1つ質問です。

みなさんは普段本を1冊ずつ読んでいますか？　それとも同時並行で複数の本を読んでいますか？

多くの人は、1冊ずつ、つまり「1冊読み終わってから次の本を読み始める」という読み方をしているのではないでしょうか。

たしかに、複数の本を同時に読むのはちょっと大変そうですし、1冊終わってから次の本に移る……というほうが、本の内容は頭に入ってきそうです。

しかし、**1冊の本からより多くのインプットが得られるのは、「同時並行で複数の本を読む」読み方**なんです！　僕はこの読み方を、**「検証読み」**と名付けました。

・意見の偏りを避けられる

同時並行で読む「検証読み」の最初の効用は、**「意見の偏り」を避けられる**ことです。

本というのは、基本的に1人の著者によって執筆されています。1人の著者が、その人の言葉で、その人なりの意見を述べる。それを読むのが「読書」です。

しかし、**それはあくまで「1人」の意見**です。どんなに権威のある著者でも、経験豊富な作者でも、その意見はあくまでも1人によって書かれたもの。その意見だけを「へえ、そうなんだ」と無批判にインプットしていると、どうしても偏りが生じてしまいます。

世の中には、いろんな意見があります。「幽霊はいない！」という人もいれば、「幽霊は

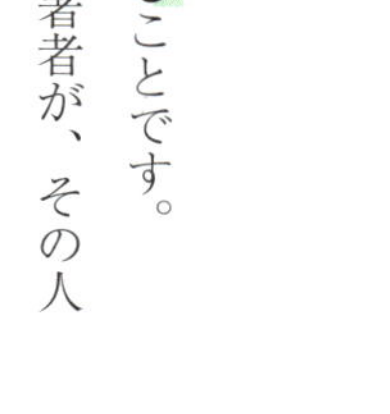

いる！」という人もいます。「ヒトラーは悪だ！」という人もいれば、「一概にヒトラーだけを悪者にするのは良くない」という人もいます。1つの政策について、いいと言う人も悪いと言う人もいるでしょう。

人の数だけの正しさがあって、人の数だけ意見がある。でも、なかなかそれに気がつくことはできません。

だからこそ、**同時に複数の本を読む「検証読み」が効果的**なのです。

・主体的に読むことができる

「検証読み」の2つ目の効用は、**「受け身の読書」を避けられる**ことです。

本を読むときは、どうしても受け身になってしまいがちです。どんな本を読んでも、「なるほど、それが正しいんだな」と考えてしまいがちなのです。それ自体はまったく悪いことではありませんが、しかし、**それではなかなか考える力が身につかず、「得た情報を自分なりに使いこなす」ということができません。**

得た情報を、自分が使いこなせるような知識にするためには、どうすればいいのでしょうか？

そのためには、ちゃんと**「本当かな？」「他の本ではどう言っているんだろう？」と一歩**

引いて、つまり客観的な目線を持ちつつインプットすることが大切です。

たとえば、「科学的な根拠がないため、幽霊は存在しない！」という本を読むだけでは、「幽霊はいないらしい」という主観的で一元的なインプットしかできません。しかし、「多くの証言から、幽霊の存在は否定できない！」という本を同時並行で読むことで、「科学的には幽霊の存在は証明できないけれど、しかしまるっきり根拠がないとも言えないんだな」とより深く、客観的で多角的なインプットが可能になります。

また、「ヒトラーは悪だ！」という本と「一概にヒトラーだけを悪者にするのは良くない」という本を同時に読むことで、「ヒトラーのやったことは紛れもなく悪だけど、歴史的な背景を考えると、たしかに一概に『ヒトラーは悪だ』と言えない部分もあるかもしれない」と、より深く、そして客観的にヒトラーや歴史のことを学べますし、考えるきっかけにもなるのです。

このように、**「受け身」の読み方をやめて客観的な目線を持ちつつ読むことで、1回の読書で、客観的で多面的な〝使える〟知識をインプットし、考える力をつけることができる**のです。

東大読書
Point 37

同時並行で複数の本を読むことで、「意見の偏り」を避け、「主体的な読書」が可能になる！

実は無意識でやっている検証読み！

「同時並行で読む」と聞いて、多くの人は「そんなことできるのかな？」と心配になるかもしれません。

でも、**実はみなさんも、無意識のうちに「検証読み」を実践しているん**です！

・辞書で調べるのも「検証読み」

たとえば、難解な文章を読んでいるときを想像してください。文章の中に意味を知らない単語が出てきたら、多くの人は辞書で調べると思います。

辞書で調べれば、その単語の意味がわかりやすく説明されていたり、他にどのような表現があるのかが載っていたりしますよね。それを読んで、「ああ、『不世出』というのは、

『めったに世に出ないくらい優れていること』を表す言葉で、『前代未聞』などと同じ意味なんだな」と理解し、難解な文章でも読み進められると思います。

これだって、**「難解な文章」と「辞書」の2冊を同時に読んでいるのと同じ**ですよね。

・「簡単な本でわかった！」も「検証読み」

もちろん、「単語」以外、**本に書かれた「内容」でも同じことはある**はずです。

「1冊の本ではわからなかったことが、もう1冊の本を読んだらわかった」なんて経験、みなさんもありませんか？

僕は今、大学での試験対策のために「経済学の難しい教科書」と「落ちこぼれでもわかる経済学の本」とを同時並行で読んでいます。教科書で難しいと感じる内容が出てきても、もう1冊のわかりやすい本を読めば理解できたりします。同じようなことを、みなさんも多かれ少なかれやっているはずです。


いったいなぜ、同じ内容なのに、他の本を読めば理解できるのでしょうか？

その答えは簡単で、**「本が違うから」**です。

書いている人が違うので説明の方法が違いますし、読んでほしい対象が違うので**説明の**

丁寧さが違います。書き方も違えば教え方も違うわけです。

日常生活でもそうですよね？　**同じ内容であっても、言う人が違うだけで理解度や解釈が変わったりします**。

同じ内容を教える先生の中にも、教え方に違いがあったり、わかりやすい授業やわかりにくい授業があったりします。「この先生の授業のほうがわかりやすい！」という生徒もいれば、「そうかな？　あの先生のほうがわかりやすく感じるよ！」という生徒もいる。

もっと言えば、言葉や説明がまったく同じであっても、**話す人によって理解度が違う**こともあります。子どもに何かを言うときに、親よりも先生よりも、先輩や同学年の友達の言葉のほうが響いたりすることがあります。みなさんも、「あの人に言われたら間違っているように聞こえたけど、この人が言うと正しいように聞こえる」という経験、あるのではないでしょうか？

本だって同じなんです。**ある著者が書いた内容よりも、他の著者が書いた内容のほうが意味が取れるということは、往々にしてよくある話**です。それをどんな本を読むときも実践してみれば、**1つのことを多面的にとらえたり、その内容の理解を深めたりすることにつながる**のです。

東大読書
Point 38

「検証読み」は、実はみんながやっている。決して難しくはない！

「検証読み」の効果は「科学的」にも理にかなっている！

「だからって、何冊も並行して読まなくてもいいんじゃない？」「1冊読んでから次の本を読むのでも遅くないんじゃないの？」と考える人もいると思います。

しかし、1冊の本を読み終わってからでは遅いのです。**同時に読むからこそ、効果があるのです！**

これは、人間の記憶力に関する話から科学的に説明できます。

・「1冊読んでから次の本」では、ほとんどを忘れている

心理学者のヘルマン・エビングハウスという人は、「人間の脳が、時間の経過によってどれくらいの内容を忘れてしまうか」をグラフにしました。**「エビングハウスの忘却曲線」**と呼ばれるものです。

これによると、**人間は20分後には42%**を忘却し、**1時間後には54%**を、**1日後には74%**を、**1週間後（7日後）にはなんと79%**も忘却してしまう、という結果が出ているのです。

本を読み終わるスピードは人それぞれですが、だいたい1〜7日はかかると思います。すると、**次の本を読むころにはもう7割以上を忘れてしまっている状態**なんです。

こうなってしまっては、次に読み始めた本の中で、前に読んだ本の内容が出てきたとしても、「うーん、何か前に読んだような気がするな……」という感覚になってしまっ

図表6　エビングハウスの忘却曲線

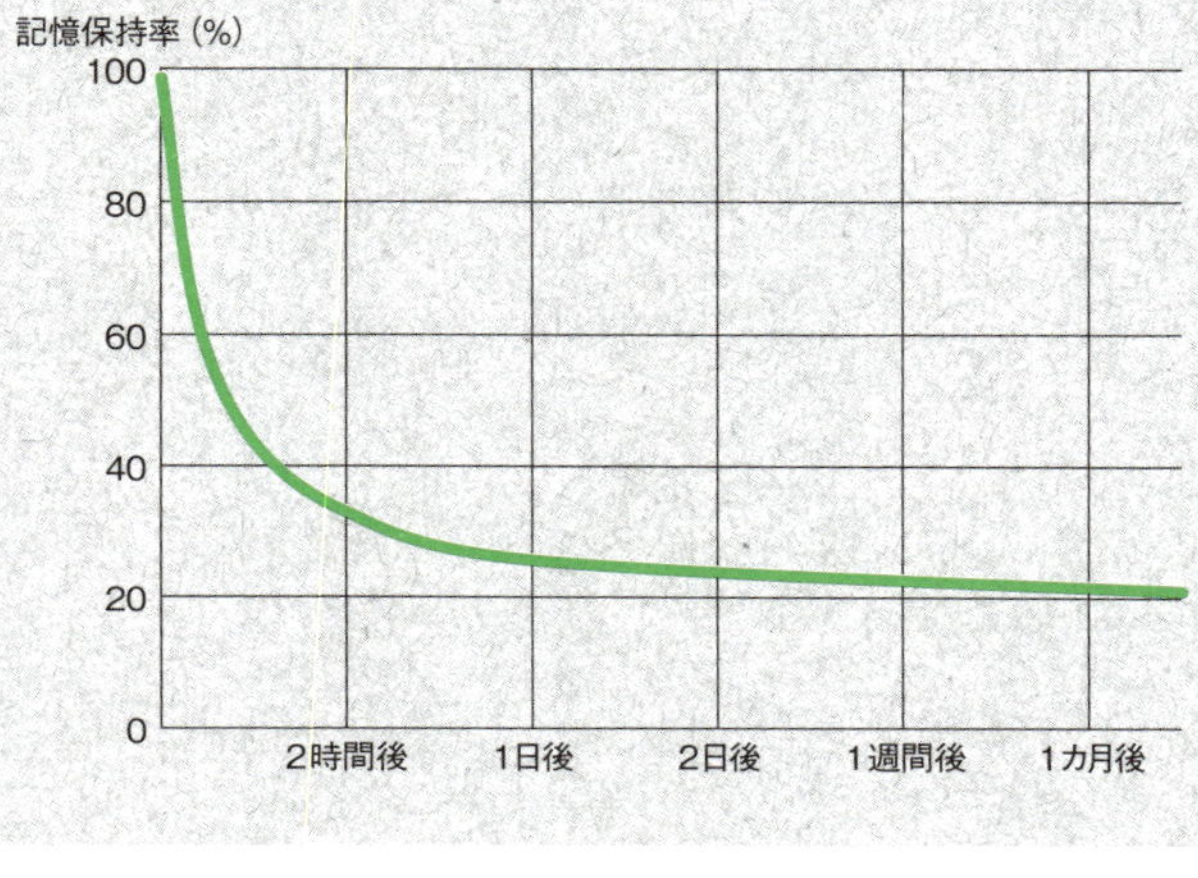

て、**もう「検証読み」ができなくなってしまう**のです。

・「長期記憶」を作るには「検証読み」が最適

さて、「エビングハウスの忘却曲線」の話には続きがあります。一度新しいことを忘れてしまったとしても、**何度も何度も復習するうちに、この「忘却曲線」の減り具合のスピードがどんどん緩やかになっていく**のです。物事をどんどん忘れていくのが人間ですが、**定期的に復習すれば忘れにくくなっていく**わけです。

なぜ、復習すれば忘れないのか？　これは、脳科学的に説明できます。

記憶というのは、脳の中で2つに分類されます。**「短期記憶」**と**「長期記憶」**です。すぐに忘れてしまう短期記憶と、比較的長く覚えている長期記憶の2種類です。

インプットした情報を「短期記憶」にするか「長期記憶」にするかを決めるのは、脳の中の「海馬」と呼ばれる器官です。この器官が「これは重要な情報だ！」と判断すれば「長期記憶」に、「これは忘れてもいいな」と思えば「短期記憶」になるわけです。

どうすれば海馬が「重要な情報だ」と判断してくれるのかというと、**「何度も見ている情**

脳の話

人間の脳についての深い知識が集約された1冊ですが、どんな本と一緒に読んでも役に立つという利点があります。人間の生物学的な物の考え方、とらえ方、感情のあり方が網羅的に書いてあるので、「検証読み」にはうってつけです。

時実利彦著　岩波書店

報」を重要だととらえるのです。「何回も流れてきている情報だから、きっと重要なんだろう。よし、長期記憶に分類しよう！」と判断するわけです。

先ほどの**「復習する」という行為は、海馬にそう判断させるため**だったというわけです。

・「新しい角度からの復習」が最強！

そして、この話にもまた続きがあります。実は、ただ復習するよりも、**別の角度や別の視点・別の文章で出てきた、いわば「未知の情報」の中に「何度も見ている情報」があったほうが、海馬は「重要な情報だ」と判断しやすい**のです。「新しい角度からの復習」のほうが効果があるということです。

みなさんも、電車でいつも一緒になる人をまったく別の場所で見かけたら「あ！　あの人だ！」とびっくりして、その人の顔を覚えられるはずです。同じように、**まったく同じ情報でも、違う場所・文脈の中にあったほうが、記憶に残りやすい**んです。

海馬が、「新しい情報の中に、なんだかこの前見た情報があるぞ！　きっとこの情報は重要なはずだ！」と判断してくれるというわけです。

まとめると、こういうことです。

・人間は、1日経つと7割以上を忘れてしまう
・でも、復習して何度も見直すと覚えられるようになる
・その復習は「新しい角度からの復習」のほうが効果がある

ということは、**1冊の本を読んでいる間に、新しい角度から同じ内容の文章を読んだほうが記憶に残りやすい**というわけなのです。

東大読書
Point 39

「検証読み」は、「記憶の科学」の観点から見ても理にかなっている！

「検証読み」は、考える力も同時に鍛えられる！

そして、この「検証読み」には、さらに別の、**「最大」と言ってもいい効果**があります。それは、**「考える力」が身につく**ということです。

・「考える力が身につく」とは？

誰でも、**「考えないで本を読む」ほうが楽**です。「へえ、そうなんだ」と本を読んで、すべてを正しいこととして受け入れながら読むほうが、頭を使わないで読めるのです。

しかし、**それでは「考える力」は身につきません**。頭を使っていないのですから、当たり前ですよね。「考える力を身につける読み方」をするためには、「客観的に解釈して思考する力」、つまりは**「客観的思考力」が必要**です。

「本当にそうなのかな？」「別の視点はないのかな？」と思考をめぐらせ、文章を「1つの視点」だけではなく「複数の視点」で見ることこそが、「考える力を身につける読み方」なのです。

「検証読み」の「客観的に本と向き合う」という行為は、**自分の考える力を鍛える訓練**に他なりません。

「へえ、そうなんだ!」と受動的に文章を読むのではなく、「これって、こういう視点から見たらどうなんだろう?」「この考え方は適用できないかな?」と**能動的に文章の内容を自分で噛み砕いて、考えをめぐらせて読む**ことにつながります。

1つの内容を客観的にさまざまな視点から見ていくという読み方を実践すれば、**どんな情報を目の前にしたときでも、自分なりに思考をめぐらすことができるようになる**んです。

・「検証読み」は本以外にも応用できる

このやり方は、僕たちが**本以外から情報を得た場合にも応用できます**。

「検証読み」の習慣が身につけば、1つの意見や情報を聞く際にも、ただ「なるほど、そうなんだ」と受動的に聞くのではなく、「その意見はこういう別の視点から見たらどうなんだろう?」「この意見に対して反対する人は、どんな主張をするだろう?」と**能動的に物事を考えられるようになる**のです。

「1つの意見を聞いて、能動的に別の角度から物事を考える力」。この力は、情報化社会が発達してさまざまな情報・意見が溢れた現代に生きる人間が、どんどん持てなくなってきている力です。みなさんも、テレビのコマーシャルなどで受動的に情報を得て、本当にそれが必要かどうかも考えずに何かを買った経験、ありませんか？

最近よく耳にする、「指示待ち人間があまりにも多い」とか「イエスマンが増えてしまっている」などの問題も、「1つの意見を聞いて、能動的に別の角度から物事を考えること」がどんどんできなくなっていることが原因だと考えることもできます。

・「東大合格力」は検証読みで鍛えられる

実は、東大の入試問題でも「この意見に対する反対意見を書きなさい」「この施策のメリットは以上の通りだが、デメリットを考えて答えなさい」など、**「別の角度から物事を考える力」を問う問題が増えています。**

東大も、これからの時代は多面的な思考力が必要だと考えているのかもしれません。事実、**東大の多くの学生はこの「多面的な思考力」を備えていて、**授業でディスカッションするときにも、「賛成の意見」と「反対の意見」両方を考えることができる学生がほとんどです。

以上のような**「考える力」**を読書で鍛えることができる読み方が、この**「検証読み」**なのです。

同時並行で読む「検証読み」のメリット、ご理解いただけましたでしょうか？

そうは言ってもみなさんはまだ、

「検証なんて、どうやってやればいいのかわからない！」

「具体的にどういう本を2冊目に選べばいいかわからない！」

という印象ですよね？　そこで、ここからは「検証読み」の2つの読み方、**「パラレル読み」**と**「クロス読み」**を具体的に紹介していきたいと思います！

東大読書
Point 40

「検証読み」は東大も求める「考える力」を鍛えるのに最適な読み方！

2 パラレル読みで「別の切り口から考える力」を身につける

「パラレル読み」とは

突然ですが、みなさんにとって、本を読んでいていちばん楽しい瞬間はどんなときですか?

知的好奇心がくすぐられる内容に出会ったときでしょうか? それとも、日常生活の疑問が解消されたときでしょうか?

僕の場合は、**「前に読んだ内容と似た1節を見つけたとき」**です。

「あ! この意見は、あの本でも読んだことがあるぞ!」「この話って、あっちの分野だけの話かと思ってたら、この分野でも応用されているんだ!」のように、**別の本の内容に共通点を発見したときがいちばん楽しい**と感じます。

周りの東大生に聞いたところ、多くの人が僕と同じように「共通点を見つけた瞬間が楽しい」と言っていました。彼ら曰く、「完全に意見が一致しているわけではなくて、微妙に見方が違ったり、または意見が全然違う場合もある。それを見つけて比較するのが面白い」とのこと。

「ウォーリーをさがせ！」みたいなものです。読書の中で、同じ箇所や似ている箇所を探す過程に楽しさを感じ、また見つけられたときに、充足感を得られるわけです。そして、**「見つけよう」と思いながら読むことで、読解力や地頭力が鍛えられる**のです。

これから紹介する「パラレル読み」を実践すれば、みなさんもこの「共通点」と「相違点」を見つける**楽しさを味わえる**だけでなく、読んでいる本の内容を他の本と比べて「検証」しながら読むことで、**客観的で多面的な思考力も身につく**のです！

東大読書
Point41

東大生の多くが、「パラレル読み」を楽しんでいる！

落ちこぼれでもわかるミクロ経済学の本

正直、東大に入って一番役に立った本はこれかもしれません。東大の先輩に「騙されたと思ってこれ読みな！」とオススメされて読んだのですが、他の経済学の本や授業がスッと入ってくるようになりました。経済学の本を読むときはぜひ、「パラレル読み」でこの本も一緒にどうぞ。
木暮太一著　マトマ出版

「パラレル読み」の手順

それでは、「パラレル読み」の具体的なやり方を紹介します。

①関連性のある2冊の本を選ぶ

まったく関連性のない本2冊だと、同時に読み進めても「検証」ができませんから、**同分野の本や切り口が似ている本**を選びましょう。

くわしい「関連性のある本の選び方」は、後ほど紹介します。

②選んだ2冊を、なるべく同じスピードで読み進めていく

1冊の本の1章分を読み終わったら、もう1冊の本の1章分を読み進めてみたり、読んでいてわからないことが出てきたときやちょっと飽きてきたときに、もう1冊の本に移って読み進めてみたりしましょう。

③2冊にはどんな共通点があって、どんな違いがあるのか考えてみる

たとえば、同じ「日本経済について語られた本」を選んだとしても、「日本は経済大国で

ある」と語る本もあれば、「日本は経済大国ではなくなりつつある」と語る本もあります。
同じ「明治維新について語られた本」でも、「明治維新は世界でも類を見ない素晴らしい近代化だった！」と主張する本もあれば、「明治維新による急進的な改革は間違いだった！」と主張する本もあります。

さらに言うと、同じように「明治維新は間違いだった！」と主張する2冊の本を読んだとしても、その主張の根拠や見方が完全に一致していることはまずありません。「当時の人にこんな悪い影響を与えた」という本もあれば、「当時は評価するべき点も多かったが、現代になってその歪みが出てきている」という本もあります。

まったく同一の本でない以上、**共通点もあれば相違点もあるはず**なのです。それを探していきましょう！

④思いついた共通点と相違点を、付箋に書いて貼っていく

読み進めながら思いついた2冊の本の共通点と相違点を、**思いついたそのときに付箋1枚ずつに書いて貼っていきます**。2冊ありますが、思いついたときに読んでいたほうの本のページに貼れば大丈夫です。

オススメなのは、**「共通点の付箋の色」と「相違点の付箋の色」を分けておく**ことです。

入門クラウドファンディング

今流行りの「クラウドファンディング」システムについてゼロから学べる1冊です。概念的なことはこの本でほとんど学べるので、板越ジョージ著『クラウドファンディングで夢をかなえる本』（ダイヤモンド社）で事例・具体例を読むと、より一層理解が深まります。
山本純子著　日本実業出版社

「共通点は水色」「相違点は黄色」と分けておけば、後から見直しやすいです。

ここで、一点ポイントがあります。それは、**「相違点は必ずペアで書く」**ということです。「相」違点なのですから、「互いに」異なっているポイントがあるはずです。それを、きちんと「2つ」書くようにしましょう。「①」とか「②」という風に、ペアとなる相違点には同じ数字を振っておくのもオススメです。

⑤読み終わった後に相違点の付箋を見直して、「どうして両者の主張が食い違っているんだろう？」「なんで意見が分かれているんだろう？」と1つひとつ「検証」していく

たとえば、「①日本は経済大国」「①日本は経済大国ではなくなりつつある」という相違点の付箋があった場合、もしかしたら書かれた年代が違っているのかもしれません。または、書く人が見ているデータが異なっている可能性もありますね。

「①明治維新は、当時は評価するべき点が多かった」「①明治維新

図表7 「パラレル読み」付箋の書き方

明治維新をネガティブにとらえている

①明治維新は、当時は評価するべき点が多かった

①明治維新は、当時の人にも悪い影響を与えた

は、当時の人にも悪い影響を与えた」という相違点なら、その「評価すべき点」や「悪い点」を確認して、「こっちの本の著者はこの見方は持っていないみたいだ」とか「こっちの著者は、この点をあまり重要視していないんだな」と、**自分の中で結論を出してみる**のです。

もちろん、その「結論」が正しいかどうかはわかりません。本当のところは、著者に直接聞いてみないとわかりませんからね。

でも、**自分の中で1つの「結論」を出そうと考えてみる行為、それ自体に意味がある**のです。結論を出すために、本の中であまり理解できていない部分をもう一度読み直したり、著者の立場を考えてみたりと、本から距離を取って客観的に物事を考えようとする行為こそが、**1つのことを多面的・客観的にとらえる力につながる**のです。

これが、「パラレル読み」の手順です。同じ分野について別の切り口で書かれた2冊を、共通点と相違点を探しながら一緒に読むことで、**偏りなく複合的に、さまざまなことを考えながら読むことができるようになる**のです！

東大読書
Point 42

パラレル読みは、必然的に「考えながら読む」ことにつながる！

どうやって「2冊」を選ぶのか

さて、「パラレル読み」のやり方や効果については理解していただけたと思うのですが、次に、**「そもそも、どの2冊を選べばうまく『パラレル読み』ができるのか」**についてお話ししたいと思います。

・共通する部分が多い「似ている」2冊を選ぶ

まず、大前提として、**共通する部分が多い「似ている」2冊**を選びましょう。

当たり前ですが、共通点の少ない2冊の本を同時並行で読んでも、あまり意味がありません。同じ分野・出来事・人物・事柄のことを、違う著者が違う形で説明しているからこそ同時並行で読む意味があるんです。

もちろん内容が近すぎるとか、まるっきり同じ内容の本を選ぶのはダメですが、しかし**遠すぎる2冊よりは近い2冊を選ぶほうがオススメ**です。

どんなテーマの本であっても、「似ている本」がまったくない本というのは、あまり存在しません。

まずは、**同じ分野の本**。今みなさんが読んでいるこの本は「読書術」についての本ですが、本屋さんの「読書術コーナー」には他の本もあるはずです。同じように、**同じ出来事について触れた本、同じ人物について触れた本、同じ事柄を紹介している本**も、探せばいくらでもあるはずです。

たとえば「トランプ大統領批判の本」を読むときには「トランプ大統領について」の本を図書館で借りてみたり、または「アメリカの大統領について」の本を本屋さんで探してみたり、あるいは「アメリカの選挙制度についての本」とネットで検索してみたり。

日本では毎年、約8万冊の本が出版されていると言われています。それだけ本があるのですから、「似ている本」もたくさん存在しているのです。

「パラレル読み」に慣れていない人は、まずは**なるべく内容的に近い本同士を選ぶといい**と思います。その2冊で「パラレル読み」を実践して、共通点と相違点を見つけることに慣れていきましょう。

・「主張が似ている本」を選んではいけない

ただし、ここで注意すべきなのは、「主張が近すぎると相違点を見つけにくい」ということです。

「パラレル読み」は、本を「検証」するための読み方です。内容は似ていてもいいのですが、主張が似ている本を2冊選んでも得るものは少ないのです。

「トランプ大統領批判の本」を2冊選んでも、「トランプって悪いヤツなんだな」くらいのことしか理解できませんよね？　ですので**「似ているんだけどちょっと違う本」**を選ぶのがオススメなんです。

東大読書
Point43

「共通する部分が多い」「でもちょっと違う」本を2冊同時に読もう！

「似ているんだけれどちょっと違う本」の探し方

この、「似ているんだけどちょっと違う本」の例を、いくつか紹介したいと思います。

①ポジティブな目線で見る本とネガティブな目線で見る本

まず、いちばん簡単なのは**「賛成か反対か」「ポジティブかネガティブか」で違う2冊**です。

トランプ大統領に関する本でも、「トランプ大統領肯定の本」もあれば「否定の本」もあると思います。

1つの事柄・分野に対して、賛成する人の意見と反対する人の意見を両方同時に見ていくと、まったく反対方向の意見を同時に見ることになるので、偏ることなく客観的にその分野について学ぶことができます。

②「目線」が違う本

社会的な見方、経済的な見方、歴史的な見方、政治的な見方、科学的な見方など、モノの見方というものはさまざまです。同じトランプ大統領批判の本でも、「政治的な視点か

ら見る本」と「歴史的な視点から見る本」など、「目線」「視点」が違う本は、けっこう存在します。このように、**別の角度から同じ物事を見ている2冊**を選べば、共通点も相違点も発見しやすく、1つの事柄をさまざまな角度から見ることにつながります。

③人物・地域・出来事など、「着眼点」が違う本

②と少し似ていますが、**「目線」ではなく「着眼点」が違う2冊**というのもオススメです。

トランプ大統領についての本と同時に、「アメリカ大統領選挙についての本」や「近年のアメリカ大統領についての本」などの、**触れている内容は被っているが「見ているもの」が違う本を選ぶ**というわけです。

「着眼点」が違うと、共通点や相違点は少し見つかりにくいかもしれませんが、意外な発見があったりして、また別の知的な面白さを体感できます。

④ミクロな視点から見る本とマクロな視点から見る本

パラレル読みに慣れてきたら、**具体的・個別的に物事を見ている「ミクロ」な本**と、**大きな視野で全体を概観しながら物事を見ている「マクロ」な本**を選んでみましょう。

「トランプ大統領についての本」と同時に、「現在の国際政治の変動についての本」「今

のアメリカを広く概観する本」を読んでみる、といったイメージです。

目線も着眼点も違っているため、共通点・相違点を見つけるのが少し困難ですが、**「大きな視野で見る」「個別的に見る」**という2つの行為を同時に行うと、非常に多面的に物事を見られるようになります。ここを目指してがんばってみましょう！

⑤読者ターゲットが違う本

「誰にでもわかりやすくトランプ大統領について語る本」と「専門家向けにトランプ大統領について深く考える本」など、著者が誰に向けて書いているのかは本によって違います。**わざと自分がその読者ターゲットとは合わないほうの本を読んでみる**というのも、理解度を上げたり物事を深く考えたりする上で役立ちます。

⑥著者の「立場」が違う本

②とほぼ同じですが、今度は「アメリカ人の書いたトランプ大統領像」と「中東の人から見たトランプ大統領の是非」といった具合に、**著者の立場が明確に異なっている本を選ぶ**というのもオススメです。

本のいいところは、**自分とはまるっきり違う人の経験や考えを追体験**することができること。まったく違う立場から書かれた本を読むことによって、**「同じ分野の話でも、著者の立場が違うだけでこんなに見え方が違うものなのか」**と体感することができます。

この6パターンのうちいずれかに当てはまる2冊であれば、どんな本でも「パラレル読

図表8　共通点も相違点も発見しやすい2冊の例

① ポジティブな目線で見る本とネガティブな目線で見る本

例1：「トランプ大統領肯定の本」と「否定の本」
例2：「世界に誇れる国・日本」という本と
「日本経済はどうして落ち目なのか」という本

② 「目線」が違う本

例1：「政治的な視点からトランプ大統領を見る本」と
「歴史的な視点から見る本」
例2：「キリスト教の歴史」という本と
「キリスト教は社会にどう影響を与えているのか」という本

③ 人物・地域・出来事など、「着眼点」が違う本

例1：「トランプ大統領についての本」と
「近年のアメリカ大統領選挙についての本」
例2：「ヒトラーについて考える」という本と
「第2次世界大戦の時のドイツについて考える」という本

④ ミクロな視点から見る本とマクロな視点から見る本

例1：「トランプ大統領についての本」と
「現在の国際政治の変動についての本」
例2：「明日から使える時間術」という本と
「そもそも時間とはなんなのか?」という本

⑤ 読者ターゲットが違う本

例：「誰にでもわかりやすくトランプ大統領について語る本」と
「専門家向けにトランプ大統領について深く考える本」

⑥ 著者の「立場」が違う本

例：「元文部科学省の官僚が描く現代教育の歪み」という本と
「現場の教師目線から描く現代教育の歪み」という本

み」で多くのことが得られます！

東大読書
Point 44

「6つの観点」から「似ているんだけどちょっと違う」2冊を選ぼう！

同じ分野の本なのに、全然違う意見がある？

「パラレル読み」を実践していくと、みなさんは「ある事実」に気づくことができると思います。

それは、**「同じ分野の話なのに、相違点がたくさんある」**ということです。

同じことについて語っている本でも、なぜか**考え方や受け取り方、語り口が全然違う**ことがたくさんあるのです。

たとえば、日本史や世界史の教科書は世の中に何冊も存在します。どの教科書も同じ「歴史の事実」を述べているはずなのに、微妙に言葉のニュアンスが違ったり、書いている内容が異なっていたりします。

まったく同じことが題材になっているのに、本が違うだけで**受け取る情報が全然違ったりする**のです。いったいなぜ、こんなことが起こるのでしょうか？

・1つの情報、データでも「解釈」が異なる

それは、**1つの情報・データからわかることというのは、決して1つではない**からです。

1つのデータを見て、その結果を肯定的にとらえる人もいれば否定的にとらえる人もいます。「地球の気温が上がっている！」と聞いて「地球温暖化だ！」と考える人もいれば、「いや、地球温暖化は起こっていない。気候変動で気温が上昇しているだけだ」と考える人もいるわけです。

読書で「考える力」を鍛えるときに僕たちに求められるのは、1冊の本の意見だけでなく、複数の本の意見を比較し、すべてを取り入れながら取捨選択もしつつ物事を考え、自分の意見を作り上げる力。1つの意見に固執せず、客観的に物事を分析して自分の考えをまとめる力。**「多面的な思考力」**なんです。

先ほども少しお話ししましたが、**東京大学は入試の段階で学生に「多面的な思考力」「多**

角的なモノの考え方」を求める大学です。

たとえば東大の入試問題の世界史では、「1つの戦争の功罪や後世に与えた影響、世界史上の意義を答えなさい」といった問題が出題されます。国語でも英語でも、「多面的な考え方ができるかどうか」が問われます。**「1つの意見にこだわらず、いろいろな角度から物事を考えられる人間のほうが、学問をする上で成長できる」**と考えているからだそうです。

たしかに、僕の周りの東大生も、ディスカッションの中で「君の考え方もよくわかる」なんて、一部譲歩することがよくあります。**自分の意見だけが絶対的に正しいとは考えていない**ということですね。

・「解釈の違い」の原因を探るのがパラレル読みの醍醐味

この考える力を、複数の本の「相違点をまとめて、その相違点がどうして生まれたのかを考える」という「パラレル読み」の過程で身につけることができます。

異なる多様な意見に触れて、その意見について深く考え、どうしてそう考えるのかまでしっかり理解しようとすれば、自分とはまったく異なる他者の意見を自分のものにする足がかりになります。

「へえ、こういう考え方の人もいるのか」で止めるのではなく、**「どうしてこういう違いが生まれるんだろう？」「この2つの意見は、視点がどう違うんだろう？」**と考えることで、他人の考え方を整理して、自分のものにすることができるようになるのです。

東大読書 Point45

「パラレル読み」で「共通点」を探し、「相違点」を見つけ、「相違点の理由」を考えれば、自然と「多面的な思考力」が身につく！

以上が、「パラレル読み」です。

楽しみながら**「共通点」**を探し、**「相違点」**を考え、そして最後に**「相違点の理由」**を考えて**「多面的な思考力」**を鍛える「パラレル読み」、ぜひ実践してみてください！

さて、この「パラレル読み」で「検証」ができるようになったら、次は応用編です。

「パラレル読み」の「相違点」は漠然としていましたが、今度ははっきりと**「意見と意見**

が交錯するところ」をとらえて「多面的な思考力」を身につける読み方、「クロス読み」を紹介したいと思います！

3 クロス読みで「思考力」と「幅広い視点」を身につける

「クロス読み」とは

2冊同時並行で読む「パラレル読み」に慣れてきたら、次に実践してほしいのがこの「クロス読み」です。

「クロス読み」は、「意見と意見が交錯するポイント」を見つける読み方。より具体的に「2つの意見がどう異なっているのか」「議論が分かれる点はどこなのか」を考えて理解するテクニックです。

「え？　それって、『パラレル読み』で相違点を探すのとどう違うの？」と思った人もいるかもしれませんが、あちらはあくまでも「相違点」、つまりは互いにどう違ったのかを考えていたのに対して、ここで見つけるのは**「交錯ポイント」**。**「どこが議論の分かれる点なのか」「どこが議論の焦点になっているのか」**を考えることなんです。

大雑把に「トランプ大統領について肯定的」「否定的」と相違点を考えるのが「パラレル読み」だったのに対し、具体的に「トランプ大統領について、評価が分かれているのはどういうポイントなのか」を探すのが「クロス読み」です。

もしかしたら、トランプ大統領の具体的な行為が論点になっているのかもしれませんし、1つの発言の是非が焦点になっているのかもしれません。

複数の本を読む中で、その「意見の交錯点」を探すのがこの「クロス読み」、ということです。

東大読書
Point46

クロス読みとは、議論が分かれる「交錯ポイント」を探す読み方！

「クロス読み」の手順

やり方はとても簡単です。

①複数の本を読んでいく中で、議論が分かれる点、「交錯ポイント」を探す

「交錯ポイント」というのは、「あれ？　これ、こっちの本には違うこと書いてなかった？」というポイントや、「この発言はちょっと論拠が薄いな。別の本だったらどう書かれているかな」という点のことです。

②見つけた「交錯ポイント」を、別の本を参照して検証してみる

本を読んでいる途中でも、**「交錯ポイント」を見つけたらすぐに確認**してみましょう。「あ、やっぱり違うこと書いてある！」と発見できれば、それが本当に「交錯ポイント」だったということになります。

③「交錯ポイント」をノートに書き、その交錯ポイントに対するさまざまな意見をまとめておく

①→②で見つけて検証した**「交錯ポイント」を、ノートにまとめておきましょう。**

「トランプ大統領の外交政策」が交錯ポイントだと考えたなら、その下に「外交政策についての肯定的な意見」「否定的な意見」「中立の意見」などをまとめて書いていきます。

箇条書きでかまいません。どの本に、どんな意見が書いてあったかを簡単にまとめればOKです！

ノートにまとめるところまでが「クロス読み」です。

なぜノートにまとめておくかというと、**今同時並行で読んでいる以外の本でも「クロス読み」**ができるからです。

図表9 「クロス読み」ノートの書き方

「トランプ大統領の外交政策」

- 対外的に強気な姿勢で臨むトランプ大統領は、多大な迷惑をかけている！（Aの本のp.30）
- アメリカ国民にとっては、求めていた強い外交政策である（Bの本のp.45）
- 短期的にはアメリカ国民を喜ばせる外交だが、長期的な視野で見ると軋轢を生んでいるためアメリカのためにならない外交である（Cの本のp.102）

「死刑制度は犯罪の抑止力になるのではないかという考え方」

- アンケートを取ると、「死刑をなくすと犯罪が増えると思う」と回答する日本人の割合は高い（Aの本のp.85）
- 死刑制度がなくなった国では、実際にこういう犯罪が発生している（Bの本のp.29）
- 科学的・統計的に「死刑制度が犯罪抑止力になる」ことを証明することは困難（Cの本のp.53）

新しく読み始めた本の中に、前にノートにまとめた「交錯ポイント」に対する意見があった場合には、どんどん書き足していくことができます。

または、ノートを後で読み返して「そういえば、前に読んだ本にもこの話が書いてあったな。これも交錯ポイントかも！」と考えて、後から書き足すこともできます。

こうやって、**ノートに「交錯ポイント」をまとめておいて書き足していけば、「交錯ポイント」をより厚くしていくことが可能**なのです。

東大読書
Point 47

「交錯ポイント」はノートにまとめることで、ずっと使える「武器」になる！

「クロス読み」の劇的な効果

こうして、たくさんの本を読む中で、意見が交錯する論点を見つけていくことで、「人はどこで意見が分かれるのか？」「どういうことで評価が分かれるのか？」「どういう人の間で意見が異なりやすいのか？」といったことがわかるようになってきます。

より多くの交錯ポイントを見つけられれば、それだけ「意見が食い違うポイント」というものがわかりますし、新しい本を読むときにも「交錯ポイント」を応用することができます。**「意見が分かれるポイント」が理解できる上に、「多面的な思考力」を鍛えることにつながる**のですね。

もちろん、設定した「交錯ポイント」が本当に適切かどうかはわかりません。ひょっとしたら他の人は別の場所を交錯ポイントに設定していて、そちらのほうが自分の思考を整理できることもあるかもしれません。

しかし、**重要なのは「自分で交錯ポイントを探してみる」という過程**なんです。

「1つの事柄で議論が分かれるところ」「さまざまな意見がある問題」を探しながら本を読むという行為、**それ自体に意味がある**んです。目の前にある文章をそのまま鵜呑みにするのではなく、「ここは議論が分かれるかもしれない」とか「この意見は、他の本だったら違うことを言っていた気がする」のように、**客観的に見て、すぐに別の本で検証しながら読み進める**ことは、**読解力を底上げしてくれる**だけでなく、**その人の思考の幅も広げてくれる**んです。

この読み方を進めて、**「たった1つの交錯ポイントに対して、いろんな意見があるんだな」**とか、**「モノの見方がこんなに異なるものなんだな」**と実感できた瞬間、「クロス読み」は成功です。

東大読書
Point 48
「交錯ポイントを探す」過程が重要。難しくとらえず、アレコレ考えてみよう！

「交錯ポイント」を探すコツは、なるべく狭い「点」を探すこと

しかし、この「交錯ポイント」を見つけていく過程で、注意すべきことが1つあります。それは、**「広い問題になることをなるべく避ける」**ということです。

たとえば、死刑制度についての本を読んでいるときに、「死刑制度の是非について」という「交錯ポイント」を設定することは簡単だと思います。たしかに、「死刑制度の是非に

ついて」で意見が分かれているかもしれません。

でも、これって**ちょっとポイントが広すぎる**と思いませんか？　一口に「死刑制度に賛成」「反対」といっても「犯罪の抑止力になるから賛成！」という人も「歴史的な経緯を踏まえて反対！」という人もいるはずです。この2つの意見は、**厳密に言うと交錯していない**ですよね？　同じ分野についての話ですが、2つの意見は対立するわけではなく、お互いに「そういう考え方もある」「議論にならない」意見なわけです。

広すぎる論点を設定してしまうと、このように「交錯」が少なくなってしまいます。

「論点」というのはあくまでも「点」です。「死刑制度の是非について」ではなく「死刑制度は犯罪の抑止力になるのではないかという考え方」とか「歴史的な背景を踏まえたときの死刑制度に対する考え方」といった具合に、**「これ」という一点を指し示すもの**であるべきなんです。

「交錯ポイント」が広すぎると、論点がずれがちで、複数の意見・モノの見方を整理できなくなってしまいます。そんな「広い論点」設定では、自分の考える力がなかなか鍛えられません。

そうならないために、抽象的で範囲の広いポイントになるのを避けて、**具体的で論点の**

ずれない「交錯ポイント」を探しましょう。なるべく「点」になるように、交錯が多いように設定するにはどうすればいいかを考えながら読み進めていきましょう。

そうやってたくさんの本を読む中で、試行錯誤しながら**「意見が交錯する論点」**を見つけていくことで、**通常の読書の何十倍も読解ができるようになり、何十倍も考える力が身につく**のです！

東大読書
Point 49

「交錯ポイント」が広すぎると論点がずれる。なるべく「ピンポイント」で探すように心がけよう！

まずは言葉の定義を「クロス」させよう！

そうはいっても、いきなり「交錯ポイント」を見つけるのは難しいと思います。

はじめの段階は、

「うーん、議論が分かれてるのって、ここじゃない気がする……」
「ちょっと論点が広すぎるな……」
と、なかなかうまくいかないことも多いでしょう。

そんな人にオススメなのが、**「まずは言葉の定義から始めてみる」**ということです。

「え？　言葉の定義なんて議論になるの？」と思うかもしれませんが、**実は多くの議論というのは、そもそも「言葉の定義」自体が違っている**ことが多いんです！

たとえば、古今東西「哲学の本」というのはたくさんあります。入門書もあれば考え方を紹介する本もあります。しかし、そのどれもが、書いている人が違うと内容が異なりますし、意見が対立するポイントというのが出てきます。

どうして同じ哲学について語った本なのに、違いが生まれるのでしょうか？

それは、**「哲学とは何か？」に対する回答が違う**からなんです。「哲学とは人間の本質について考える学問だ」という人もいれば「何かを解決するための考え方を知るための学問だ」という人もいます。あるいは、「自分のことをもっと知る学問だ」という人もいます。

哲学について語る人、1人ひとりが考える**「哲学という言葉の定義」**が違うから、意見にも違いが生じていたというわけです。

たとえば、「日本はいい国だ！」という本と「日本はいい国ではない！」という本があったとして、この2冊の本の「交錯ポイント」は**「『いい国』という言葉の定義」**です。

2冊の本が考える「いい国」の条件が違うから、日本という同じ国の話で意見が2つに分かれているんです。

またみなさんは、「いじめは、いじめられた側にも責任がある！」という本と「いじめた側に100パーセント責任がある！」という本があったとして、どこで意見が食い違っていると思いますか？

僕は、**「責任」という言葉の定義**だと思います。たしかにいじめられた側に何らかの「原因」があったからいじめが発生したのかもしれませんが、その「原因」を「責任」と言い換えてもいいものなのか？　そもそも両者が考えている「責任」という言葉の定義は何なのか？　それが違うから意見が食い違うのではないでしょうか。

このように「そもそも言葉の定義が違う」から意見が対立していることが多いのです。

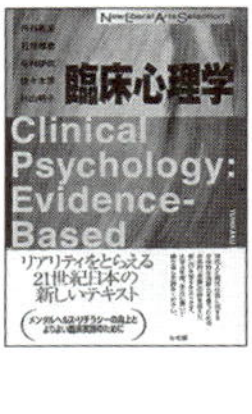

臨床心理学

臨床心理学について、網羅的に書かれた1冊。分量が多いですが、他の臨床心理学の本と「クロス読み」を実践して読むと、知識量がぐんと上がります。軽めの心理学の本と合わせて読むのがオススメです。
丹野義彦他著　有斐閣

このような、**「そもそもこの人はこの言葉をどうとらえているのか?」**を**「交錯ポイント」に設定**して「検証」してみて、**「いちばん根本的なところに立ち戻って考える」**というものの考え方をしながら本を読むことで、**本への理解度を高めるだけでなく、自分の考える力を鍛えることにもつながる**のです!

東大読書
Point 50

「言葉の定義」に立ち返ると「交錯ポイント」が見える!

「クロス読み」で、思考の幅をどんどん広げよう!

「クロス読み」について、だいたいイメージできたでしょうか? ではここから、「クロス読み」のちょっとした応用で**「考える力」をさらに鍛える方法**をお伝えしたいと思います!

といっても、難しいことは何もありません。ただ、どんな本・どんな文章でも「クロス読み」と同じように、**「交錯ポイント」を探して設定**するだけです。

「どんな本」「どんな文章」というのは、たとえば、**小説や漫画、またはネットの記事や他人のTwitterの発言なども全部含める**ということです。あるいは、もはや文章でなくても、**映画とか、日常生活とか、そういったものともどんどん「クロス」させていく**のです。

つまり、「クロス」は、別に新書や教科書、ビジネス書だけで行う必要はないんです。むしろ、**それ以外の本や文章などともクロスさせることで、自分の思考の幅を広げることにつながる**のです！

・「自分と距離が近い」ほうが学びが多い

どうして小説や漫画、または日常生活の話などとクロスさせるといいのか？　それは、**「自分と距離が近いもの」を足がかりにすることで、より多くのことを学べる**からです。

ビジネス書や教科書など、堅い本に書かれている内容や論点になっている「交錯ポイント」は、「自分と距離が遠い」と感じることも多いですよね。そんな「自分との距離が遠いもの」を理解するためにいちばん有効な手段は、**小説や漫画、または日常生活の中で見聞きするものなど、「自分と距離が近いものを足がかりにすること」**なんです。

たとえば「嫉妬」という感情を説明するときに、「個人がとても価値を置くもの（特に人間関係の領域）を失うことを予期することからくる懸念・怖れ・不安のこと」と説明されるのと、「好きなあの人が異性と話しているときに湧き上がる感情のこと」と説明されるのと、どっちがわかりやすいですか？

考えるまでもなく、後者ですよね？　たしかに、「嫉妬」という言葉の定義として正しいのは前者であり、後者では説明が不十分なところもありますが、しかしわかりやすさで言えば後者のほうが圧倒的にわかりやすいです。

そして、いったん後者の説明を見た後なら、前者の説明も「なるほどね」とわかりやすくなると思います。前者の説明だけではわからないものが、後者の説明を聞いた後ならわかるようになる。「自分と距離が近いものを足がかりにする」というのはこういうメリットがあるわけです。

・「自分と距離が近い」ほうが「応用の機会」が多い

さらに、「自分と距離の近いもの」をクロスさせることのメリットはもう一つあります。それは、**「得た知識を応用すること」に大いに役立つ**ということです。

当たり前ですが、**本で読んだ内容は使わないとどんどん忘れていってしまいます**。

たとえば、本で「人間の嫉妬というのはどのようにして起こるのか」というメカニズムを知ったとしても、それを日常生活で応用できなければ、不要な知識として記憶には定着しません。

しかし、小説や漫画を読んだときに「あ！　あの本に書かれていた通りだ！」と感じたり、「前に読んだ本ではこう書かれていたけど、こういうパターンもあるのか！」と考えたりと、**得た知識を「自分と距離の近いもの」に日常的に応用する訓練をしておけば、忘れることもなく、どんどん他のものに応用できるようになる**のです。

たとえば、「死刑制度」について考えるのであれば、死刑制度を題材とした漫画や小説は多く存在します。「死刑は被害者遺族の感情を鎮静化するか否か」が「交錯ポイント」になっていた場合、そこで登場する被害者遺族に感情移入しながら物語を読み進めれば、その交錯ポイントに「そのような働きがあると考えられている（Dという漫画第3巻27ページ)」というように書き足すことができるはずです。

こうしておけば、死刑制度についての理解をより深めることにもつながりますし、ニュースで死刑について報じられたときにも、得た知識を活用して物事を考えることができるようになります。

このように、**「交錯ポイント」を「自分と距離の近いもの」から考える**というのは、**本の理解を深められる**だけでなく、**他の何かに知識を応用する訓練**にもなるのです。「クロス読み」に慣れてきたら、ぜひ実践してみましょう!

東大読書
Point 51

交錯ポイントは「自分と距離の近い」ところで探すと、学びが多く応用力が鍛えられる!

以上が「クロス読み」です。

みなさんも、ぜひ「交錯ポイント探し」をやってみてください!

さて、今回は「交錯ポイント」を見つけるところまでで話を終えましたが、今のままだと「議論の中でどの意見が正しいんだろう?」「どの本に書いてあることが正しいんだろう?」ということが、まだわかりませんよね?

これに関しては、次の最終ステップ「議論読み」でくわしく説明します!

THE UNIVERSITY OF TOKYO READING TECHNIQUES

STEP 5

議論読みで本の内容を「ずっと記憶」しておける
――東大生は「アウトプット」を重視する

1 「読みっぱなし」は効果半減

本とは、「会話」しよう

みなさんは、こんな経験はないでしょうか？

「読んだ本の内容をすぐ忘れてしまう！」

「本からいろんなことを学んだはずなのに、それを活かせない！」

こんな風に、**「読んだ本を活かせない」という経験をしている人は、意外と多い**と思います。僕も昔は、本を読んでもなかなかそれを活かすことができませんでした。

なぜ、読んだ本の内容を活かせないのか？　それは、**本と「会話」をしていない**からです。

・本と「talk」しよう！

人間は、**会話するほうがその内容を理解できる**ものです。

たとえばみなさんは、年配の男性に一方的に長ったらしく話をされるのと、同年代の友達と会話するのだったら、どちらのほうが話の内容が頭に残りやすいでしょうか？　当然、同世代の友達だと思います。

これはいったいなぜなのか？　それは、**「会話」しているから**です。人間は、相手の話を一方的に聞くよりも、自分の意見を相手に伝えたり、相手の話に共感を示したり、そうやって「相手が自分に話をする時間」だけではなく**「自分が相手に話す時間」があったほうが、話の内容が頭に残りやすい**のです。

日本語の「話す」は、「一方的な伝達」なのか「相互的な会話」なのかが、ちょっとボカされています。

しかし、英語ではこれはしっかり分けられています。「話す」という意味の英単語として「speak」と「talk」がありますが、「speak」は「一方的な伝達」を指すのに対し、「talk」は「相互的な会話」のことを指しています。**人間は、「speak」されるよりも「talk」をしたほうが相手の話を理解しやすく、またその情報を活かしやすい**のです。

本を読むという行為は、著者から「speak」されることです。一方的に相手から話をされている状態です。だからこそ、頭に残りにくく、得た情報を活かすことも難しいのです。

本当に得た情報を活かしたいのであれば、本と「talk」すればいいのです。

・talkで情報を知識に変える

普通に考えれば、相手からたくさん「speak」されて多くの情報を得たほうが、印象にも残り、情報を活かしたりできそうなものですが、いったいなぜ「talk」のほうがいいのでしょうか？

答えは簡単で、いくら**「speak」されても「知識」にはならない**からです。

「知識」と「情報」の違いはこの本の中で何度も登場してきました。「情報」は、調べたり聞いたりしていればいくらでも得られるけれど、自分で活用することはできないもの。自分で活用したければ、その「情報」を「知識」にしなければならない。そして、**「知識」を得**

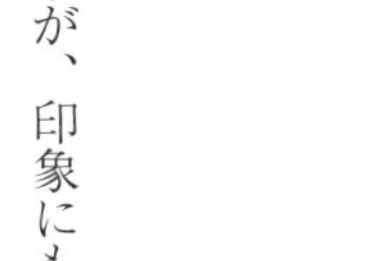

るために必要なのが、「相互性」なのです。

そして**本というのは、「talk」できるツール**です。

「読んだ人にこうなってほしい」という想いを持った著者が、読者に「情報」を提示することで「知識」にしてほしいという願いを込めて長く語る「本」というツールは、読者の質問を多く想定し、読者の意見も広く考えつつ執筆されています。**本とは「会話」できる**んです。

東大読書
Point 52

本とは会話できるし、そのほうが理解しやすい!

さて、この「会話」の仕方を、実はみなさんはもう学んでいます。それはいったいどこなのでしょうか?

「アウトプット」ですべてが変わる

本との「会話」の仕方を、僕はこの本のどこで説明したのでしょうか？
その答えは、「全部」です。
実は**この本のすべてが、「本との会話の仕方」を説明するものだった**のです。

・「本との会話の仕方」とは？

みなさんは、STEP2で僕がこういう説明をしたのを覚えていますか？

しかし、その何百倍もめんどくさいツールである本が、この時代においても生き残っているのは、本を読めば「知識」が得られるからです。その情報をどうやって使えばいいか、どうしてその情報が正しいと言えるのか、そんな質問に答えてくれるツールだからこそ、本が選ばれているのです。

この本で「質問読み」を実践した人ならわかるかもしれませんが、この言葉はツッコミどころがあります。**「質問に答えてくれるツール」**の箇所です。本は紙なのですから、質問に答えてくれるわけはありませんよね？　「どうやって使うの？」と本に聞いても返事はないと思います。

それでも、**本は「質問に答えてくれるツール」**です。「質問読み」で「自ら質問を持って本を読む」ということを実践すれば「あれ？　ここに答えがあるじゃん！」と見つけることができますし、「要約読み」で相手の話を整理してみれば「なるほど！　こういうことが言いたかったのか！」と理解できるようになります。こんな風に、**本は直接声に出さなくても、きちんと「返事」を提供してくれる媒体**なのです。

この本で紹介してきた「東大読書」を実践すれば、本とは「talk」できるのです。質問にも答えてくれる、会話できるツールなのです。

でも、その事実に多くの人が気がついていない。本のほうは今か今かと話しかけられるのを待っているのに、読者が話しかけないから会話できない。こんなに悲しいことはありません。

僕がみなさんにご紹介したテクニックはすべて、**読者自らが動くものだった**と思います。読者が自ら仮説を考える「仮説作り」、読者が自ら質問を考える「取材読み」、読者が自ら話を整理する「整理読み」……。

これらはすべて、**「speak」された情報に対して、「talk」として自分の考えを著者に返答すること**だったのです。

この「返答」のことを、「アウトプット」と言います。

・「アウトプット」とは何か？

物事を深く理解し、覚え、そして活用できるようになるためには、「返答」、つまりは「アウトプット」が必要なのです。誰かからの意見や情報を受け取ることを「インプット」と言い、逆に自らの意見をまとめたり、考えを外に出したりといった「外に向かって何かを発信すること」を、アウトプットと言います。

読書においてもその他の分野においても、「インプット」ばかりではその活用の方法がわかりません。しかし、**「アウトプット」して自らの意見を外に出してみることで「インプット」した内容を活用できる**ようになります。

この**「インプット」と「アウトプット」の原理はどんな分野においても当てはまる**と言われています。

たとえば暗記は「インプット3割・アウトプット7割」でいちばん覚えられると言われています。仕事においても、1人で考えたり調べたりするインプットばかりで、人に相談したりたたき台を作って人からチェックしてもらうなどのアウトプットをしない人は、なかなか仕事ができるようにならないことが多いと、社会人になった先輩が言っていました（僕もインプット型の人間なので偉そうなことは言えませんが……）。

読書をする場合においても同じです。

著者からの情報を受け取る、つまり「インプット」をするだけではなく、**こちらから著者に何かを投げる、つまり「アウトプット」をすることで、読解力も向上し、知識を自分のものにすることもできる**ようになるのです。

STEP1～4でたくさんご紹介してきた「本の読み方」は、その「アウトプット」の仕方だったのです。「アウトプット」をすることで「本」と会話しよう、という試みだったのです。

AI
vs.
教科書が読めない
子どもたち
新井紀子
人工知能はすでにMARCH合格レベル
人間が勝つために必要なこと

AI vs. 教科書が読めない子どもたち

AIにできないのは「読解」で、人間に優位性があるのは「読解力」なのにもかかわらず、教科書もロクに読めないような貧弱な読解力の子どもたちが増えている、という衝撃的な説を提示した1冊。議論を呼ぶ本なので、この本と徹底的に議論することをオススメします。

新井紀子著　東洋経済新報社

そして、今から紹介するのは、そのSTEP1〜4の「アウトプット」を踏まえた上での読み方です。ここまでの**STEPを踏まえて本と議論をしてみるのが、「議論読み」**なのです。

東大読書 Point 53

「アウトプット」すれば、本の内容がより深くわかるようになる！

「議論読み」とは？

「議論」というと身構える人もいるでしょうが、**難しいことは一切ありません**。

たとえば、**「本を読んだ後の感想」を言葉にすることも立派な「議論」**です。提示された著者の考えに対して、自分の考えを提示するのが「感想」ですから、「感想」は「議論」の一種なのです。

「え？　感想なんかで本当に理解が深まるの？」

と疑問に思う人もいるでしょうが、これははっきり言えます。**感想を言えば、理解が深まります**。

・感想とは何か？

そもそも、感想とはいったい何なのでしょうか？

何かを読んだり鑑賞したときに、「良かった」「悪かった」と言うだけが感想ではないはずです。読んだ内容、鑑賞した内容を**噛み砕いて理解し、それに対して自分が感じたことを表明するというプロセスで、「感想」は生まれます**。それはつまり、「インプット」を噛み砕いて「アウトプット」をするという行為に他なりません。作品という**「インプット」を得た上で、自ら何かを「アウトプット」したのが「感想」**というわけです。

この**「インプット」→「アウトプット」という過程の中で、理解は深まります**。

読んだ内容・鑑賞した内容はまだ「自分の言葉」になっていません。「インプット」だけでは、それは作品や文章を「切り取った」だけなんです。

切り取っただけでは理解しているとは言えませんし、自分の知識にもならない。でも、

「感想」を「アウトプット」しようとする際には、**その「切り取った」内容を自分なりに解釈したり、自分なりに言い換えたりする必要**があります。「アウトプット」があるからこそ自分の知識にできるのです。

また、「アウトプット」が前提になっているからこそ、**「読んだ内容を後からアウトプットしよう」という意識を働かせながら「インプット」する**こともできます。

「インプット」をただの「切り取り」で終わらせることなく、「後から自分の言葉にするんだ！」と意識することで、質の高い「インプット」につながる。この本で言うならば、「質問しよう」という意識があるからこそ文章をよく読むようになるし、「要約しよう」という意識を働かせるからこそ「ちゃんと著者の意見を理解しなきゃ」と思って読むことができるようになるのです。

「インプット」を自分の知識にするのが「アウトプット」であり、また**「アウトプットしよう」と考えるからこそ「インプット」の質も高まる**。本を読んだ後に読みっぱなしにするのではなく、「感想」があったほうが、その後にも残る、使える知識が得られるのです。

読んだ本を読みっぱなしにしてしまうと、それは「インプット」で終わってしまうということです。「インプット」だけでは情報は知識にならない。だからこそ、**「感想」でもいいから「アウトプット」が必要**なのです。

・東大生は感想が大好き！

どんな作品でも、感想を書いたり友達と感想を共有したほうが、印象に残ります。本に限らず、映画やドラマでも、友達と感想や意見を言い合ったほうが、絶対に後々になっても覚えているはずです。みなさんも、よく覚えている映画やドラマ・読んだ本は、きっと「感想」を何らかの形で表現した作品なはずです。

これは、**「感想」が「アウトプット」だから**です。

そして東大生は、「感想」「アウトプット」が大好きです。本の感想を友達と共有するのが大好き、という人が多いので、本に関するサークルはとても多いです。10団体以上存在します。また、授業でも「文学作品の感想」や「文学作品に対する意見」をまとめる授業はとても人気です。

僕の友達は「この文学作品の評論を3000字以上のレポートにして提出しなさい」という課題に対して、なんと3万字の超大作を提出していました。

日本の文化ナショナリズム

ナショナリズムの根本的な考え方を学べる1冊です。ちょっと古いのですが、この本と新しめのナショナリズムの本を「パラレル読み」すると知識を網羅できます。その上で「議論読み」を行って、ナショナリズムに対する自分の考えをアウトプットしてみましょう。
鈴木貞美著　平凡社

東大生が集まると、どこでも本の感想大会になります。**合コンですら**、です。

東大生同士で合コンに行くと、「この本はこうだったよね！」とか「この本の解釈ってここで分かれると思うんだけど」と本の感想を言い合います。僕が2年間東大で生活していて、いちばん東大生同士で盛り上がった話は**「『源氏物語』でいちばん素晴らしいヒロインは誰か」**という議論でした（ちなみに結論は「花散里《はなちるさと》」でした）。

こんな風に東大生は、映画やドラマを観て「誰かと感想を共有したい！」と思うのと同じように、どんなに堅い本や難しい本を読んでも「誰かと感想を共有したい！」と思うようです。

このように頻繁に「アウトプット」をしているからこそ、「読みっぱなしになる」ということがほぼない。**何かしらの形で読書して得た「インプット」を「アウトプット」するからこそ、読んだ内容を忘れず、またそれを知識として活用できる**のです。

だからこそ、彼らはいくら読んでもその内容を活用できるし、忘れない。暗記力が優れているのではなく、**得た「情報」をその場ですぐに「自分の知識」にする方法を知っている**のです。貪欲に自分の知識を増やすことができるわけです。

「読み進めている途中にどうやってアウトプットするのか」については、ＳＴＥＰ１〜

4で説明しました。装丁から本の内容を類推するのも、記者になったように質問を考えるのも、読んだ内容を要約してまとめ直すのも、他の本と読み比べてみるのも、すべて「アウトプット」です。

しかし、**最後のアウトプット**が残っています。それが「議論」であり「感想」、つまりは「読み終わった後にどういうアウトプットをするか」です。この「アウトプット」で、その本をずっと覚えていられるか否か、その本を知識として活用できるか否かが分かれます。

読み終わった後のアウトプット、「議論読み」のテクニックは3つです。

STEP1で作った仮説が本当に外れなかったのかを確かめる**「答え合わせ」**。

STEP3よりももっとコンパクトな要約を行う**「アウトプット要約」**。

そして今までのすべての読解を踏まえて自分の感想・意見をアウトプットする**「自分なりの結論」**。

この3つを行えば、「読みっぱなしになる」ということはあり得ません。

東大読書
Point 54
感想も立派なアウトプット！
東大生はアウトプットが大好きだから、知識を得られる！

終わり良ければすべてよし、と言います。**最後の締め次第で、読書から得られる効用は全然違ってきます**。ぜひ、「議論読み」を実践してみましょう！

2 3種類の議論読みで「いつでも思い出せる」ようになる

自分の仮説の「答え合わせ」をしよう！

読んだ本の内容を**ずっと覚えている**ための、そして**ずっと使える自分の知識にする**ための、3種類の「議論読み」。

その1つ目は、**「答え合わせ」**です。

・「答え合わせ」とは何か？

先ほど、「本とは会話できる」とご説明しました。「本に質問すれば必ず返ってくるし、それを本のほうも待っているのだ」と。

であるならば、**まだ本から返答をもらっていない「質問」**がありませんか？

そう、**「STEP1」の「仮説作り」**です。本を読む際に「スタート地点」「目標までの道筋」「ゴール地点」を設定する「仮説作り」ですが、まだ**その「仮説」が正しかったのかどうかを確認していない**はずです。最後まで本を読んだら、**その「答え合わせ」ができるはず**ですよね？　自分の立てた仮説が正しかったのか、自分の目標が達成できたのか、確認してみましょう。

・「答え合わせ」のやり方

「答え合わせ」のやり方はとても簡単です。

①STEP1で作った「仮説」の中で、「道筋」が合っていたのかを確かめる

②次に、「目標」が達成できたのかを確かめる

目標：心理学とは何なのかを知る
道筋：「心のあり方」「心の動き方」「心の研究の仕方」の3つを理解することで
　目標達成！
現状：心理学に関してはまったく知らない！

という風に仮説作りをしたと思います。このうち、「現状」については修正が必要な場合は少ないのでいったんスルーして、「『道筋』は本当に正しかったか？」「『目標』は達成できたのか？」、この2点を確認していきましょう。

目標：心理学とは何なのかを知る←「何なのか」はわからなかった。でも「心とは何なのか」はわかった。
道筋：「心のあり方」「心の動き方」「心の研究の仕方」の3つを理解することで

目標達成！↑実は４つ目、「心は人間のどの器官に存在するか」があった！

こんな風に**加筆して、「目標」と「道筋」を修正**しましょう。

「道筋」に関しては、読み進めている途中で修正できた部分もあるかもしれませんが、「目標」は1冊読み終わるまではなかなか修正できないと思います。なので、「目標」を重点的に修正していきましょう。

ここでワンポイント！

目標が達成されていない場合、「どこまでできたのか」を確認しておきましょう。【心理学とは何なのかを知る↑「何なのか」はわからなかった。でも「心とは何なのか」はわかった】という風に、目標達成度合いがどれくらいの割合だったのかをきちんと考えるのです。そうすれば、③④がよりスムーズにできると思います。

そして、「目標」を修正したら、次はこちらです。

③「目標」が達成されていないなら、次に何の本を読めば達成できるかを考える
④「目標」が達成されていたなら、次の「目標」を考える

仮に「目標」が達成できていなくても、落ち込むことはありません。

目標はあくまでも「目標」です。１００％は達成できていなかったとしても、**何％分かは達成できているはず**です。40％分かもしれませんし60％分かもしれませんが、ともかく0％ではありません。それならば残りを、**もう一度同じ本を読んだり別の本を読んだりして達成すればいい**わけです。

同じように、目標が達成されたなら、また**新しい目標を準備**しましょう。

今読んだ本から**まだ学べそうなら、同じ本で目標を設定**してみましょう。**違う本から学びたくなったら、違う本で学べそうなことを目標に設定**しましょう。

そうやって「答え合わせ」から次の自分の読書行動を考えてみましょう。

こうやってさまざまな面から「仮説」を読み直すことで、**その本をいろいろな形で思い**

出すことにつながります。「ああ、こんな仮説立てたな」「ここは合ってたけど、こっちは違ったな」と見直していくことで、**本の振り返り**ができるのです。

・同じ本を何度も読むときの注意点

さて、僕は今、何気なく「**同じ本をもう一度読む**」という選択肢を提案しました。この本ではさまざまな読み方を提案してきましたが、「同じ本を何度も読む」という読み方はご紹介していませんでした。

それはなぜなのかと言えば簡単な話で、「**同じ本を、同じ目標で読むことには何の意味もないから**」です。何回も何回も読むことで覚えられる、という人もいるでしょうし、僕もそれを否定する気はありません。しかし、**一度目と二度目、二度目と三度目を「同じ目標で」読むのは意味がない**のです。

たとえば一度目に「東大読書について知りたい！」と考えて読んだとして、まったく同じ目標で二度目を読んでも、得られるものは少ないです。二度目であるならば「東大読書についてはだいたいわかったから、次は東大読書を実践できるようになるために読み直したいな！」と、**新しい目標を持って読んだほうが得られるものは多いですし、目標が違うからこそ見えてくるものも違います**。新しく「仮説作り」をすれば、現状も道筋も目標も

過労自殺 第二版

今の日本に生きる僕たちが議論するべき本だと思います。過労死や過労自殺という社会問題に対する理解が深まる1冊なのですが、この本のとらえ方は実に多様です。この本を読んで自分なりの結論を出してみるのがオススメです。
川人博著　岩波書店

違っていることがわかるはずです。

同じ友達に、何度もまったく同じ質問をしてもあまり意味がないですよね？　「どこ出身なの？」「東京」と話した後で、また「どこ出身なの？」と聞いても「東京」以外の答えが返ってくるはずはありません。「東京」とわかったのなら、「東京のどこ出身なの？」と聞いたりすることで、新しい情報が得られるのです。

なので、もう一度同じ本を読むことはとてもいいことなのですが、そのときは**「新しい本を読む」感覚**で読んでみてください。新しい本を読むつもりで、**新しい目標・道筋**を用意してみましょう。実際、本を二度、三度と読むというのは、**その本の新たな一面を知るということ**に他なりません。真っ新《さら》な気持ちでいたほうが、得られるものが多いです。

また、新しい「目標」を立てるときに役に立つのは、STEP2の「取材読み」です。「質問読み」で「ここってどうなんだろう？」とさまざまな質問を持ちながら読むことができたはずですが、**その中で解消されていないもの、「やっぱりどうしてもここが気になるな」ということを目標に設定**してみましょう。「気になる！」という感情は、本を読むのにもっとも適した感情です。どんな本も、気になるから次のページをめくるのであり、気にならなかったら本は読めません。**自分が気になる「目標」**を立ててみましょう。

・「次の本」を読むときの注意点

「同じ本を読む」の他に、僕は先ほど「違う本で学べそうなことを目標に設定しましょう」とも書きました。みなさんの中には、「次の本の目標を先に決めちゃっていいの？」「次の本を決めてからじゃないと目標設定しにくい」と考える人もいると思います。つまりは、

次の本を決める→自分の中で目標を設定する

という順番のほうがやりやすい、ということですね。

たしかに、このほうが目標設定はしやすいです。しかし、これでは**「今の自分に合った1冊」**を選ぶことにはつながりません。はじめから「次の本」に「目標」が縛られてしまいます。

読み終わった後、**「次はこの目標にしよう！」「この目標が今の自分に合っている！」というものを決定してから、それに合致する1冊を選んでみましょう**。

自分の中で目標を設定する→次の本を決める

この順番のほうが、新しく読む本も「前回の続き」として理解していくことができます。

なので、**「答え合わせ」で次の目標を立ててから、次の本を選ぶ**ようにしましょう。

選書に関しては、「PART2」でくわしく触れたいと思います。

この「答え合わせ」で目標達成度を確認すれば、**読み終わった本を振り返りながら自分に合った次の目標も設定する**ことができます。ぜひ実践してみましょう。

東大読書
Point 55

「答え合わせ」で目標達成度をチェック&次の目標を設定しよう!

「アウトプット要約」で1冊の内容をまとめよう！

2つ目の「議論読み」は**「アウトプット要約」**です。これは、STEP3で作った「要約」よりも、より「アウトプット」の要素が強い要約です。

STEP3の「要約読み」はあくまでも「自分の整理」のための要約でした。著者の考えをまとめて、自分の思考を整理して「わかった気になるのを防ぐ」というものだったはずです。

では、この「アウトプット要約」は何なのか？　「アウトプット要約」では、みなさんに**「帯コメント」を考えてもらいたい**と思います。

・「アウトプット要約」は「帯コメント」!?

この本のメインの帯コメントは「勉強にも仕事にも効く！『こんな読み方、あったんだ』」です。本の紹介が書いてあることが多いですが、著名人などが推薦文を載せる場合もあります。

大抵の場合、この「帯コメント」は**一言ないしは1行でその本のことを言い表す言葉**を載せます。その本の内容を要約しつつ、その本をより多くの人に買ってもらえるような文言を考えて載せるわけです。

この「アウトプット要約」は、その**「帯コメント」を考えてみよう**というものです。

その一言・1行のコメントを見た人が「ああ、この本はこういう本なんだ」ということがわかり、「買ってみようかな」と思えるような文言を考えて作ってみるのです。

そんなことをして何の意味があるんだ？　と思う人もいるかもしれませんが、しかし**ピタッとハマる「帯コメント」をアウトプットするのは、きちんとその本のことを理解していないとできない**んです。

・帯コメント作りが深い理解につながる2つの理由

それはなぜなのか？　理由は2つあります。

1つ目は、**帯コメントは読者との「初対面」だから**、という理由です。

当たり前ですが、「帯コメント」は「その本をまったく読んだことのない、これから読者になるかもしれない人」に向けたコメントです。ということは、その分野のことをまったく知らない人もいれば、まったく興味がない人もいます。そういう人にもこの本のことをわかってもらうとなった場合に、どういう言葉を使えば伝わるのか？　これってけっこう難しいですよね？

これができるようになるためには、**その本のことをより深く理解**しなければなりません。著者がどういう思いでそれを書いているのか？　著者が本当に伝えたかったことは何だったのか？　**それを噛み砕いて自分の言葉に直した後にこそ、「帯コメント」が書ける**のです。

「要約読み」で「誰が見てもわかる要約を心がけてください」と僕は言いましたが、「帯コメント」はまさにそれです。**「誰が見てもわかることを心がけた要約」こそが「帯コメント」**なんです。

その本のことをまったく知らない人に、今自分が読んだこの本をどう紹介するのか？　どう紹介すれば読んでもらえるのか？　それを考えることで、ただの「要約」ではない、**「誰が見てもわかる」要約**ができるようになってきます。本当に誰でも、**中学生にもわかるように説明する**ことができれば、その本のことをきちんと理解したことになるでしょう。

２つ目は、**「ぎゅっとまとめなければいけないから」**です。

「短くする」ことの大切さについては、ＳＴＥＰ３でご説明した通りです。ＳＴＥＰ３では、「要約読み」をご紹介して、「１４０字以内でまとめられるように」とご説明しましたが、それをもっとコンパクトに、もっとぎゅっとまとめなければ「帯コメント」になり

ません。

「著者が本当に言いたいこと」が「要約」だったわけですが、**「著者が本当に本当に言いたいこと」をまとめるのが「帯コメント」**です。それ以外のことをすべて捨てて、本当に大切なエッセンスだけに絞って言葉をまとめないと、「帯コメント」は出来上がらないんです。**一言で「これだ！」と言えるものが見つかったとき、あなたの読書は完成する**と言っていいでしょう。

中学生でもわかるようにぎゅっとまとめてエッセンスだけを抜き出す、それが「アウトプット要約」＝「帯コメント作り」。これができればみなさんは、ずっと本の内容を忘れることなく、本の知識を使いこなすことができるようになるはずです。

・「アウトプット要約」のやり方

「アウトプット要約」のやり方はとても簡単です。帯コメントを作ればいいわけですから、

①STEP1「仮説作り」やSTEP3「要約読み」を踏まえながら、「著者が本当に言いたかったこと」を考えてみる

②①を踏まえて、その内容を、まったくその本のことを知らない人に向けたメッセージとして30字以内で、1行ないしは一言のまとめを作ってみる

たったこれだけです。

「そんな単純にできるものなの？」と考える人もいるかもしれませんが、難しいプロセスなどは一切踏まなくてかまいません。ただ、今までの自分の読解を振り返りながら、本をもう一度見直して確認しつつ、「本当に著者が言いたかったことは何だったのか」「その内容を、この本をまったく知らない人にも知ってもらうためにはどうすればいいか」を考え、ピタッとハマる言葉を発見できればクリアです。

その際に、その本に実際書いてある帯コメントを参照してもかまいません。その帯コメントを見ながら、**その帯コメントを超える「帯コメント」**を作れるように、がんばってみましょう。

「えっ、本物の帯コメントを超えるなんて、そんなことできないよ！」と思うかもしれませんが、意外と簡単にできます。実際の本の帯コメントは、その本の内容ではなく**「外形的なセールスポイント」を載せて読者に興味を持ってもらう**ことも多いからです。

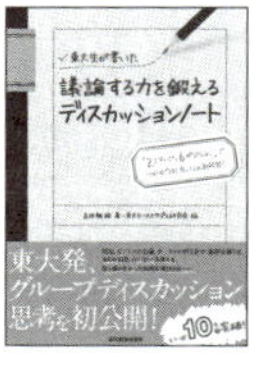

東大生が書いた議論する力を鍛えるディスカッションノート

大学の教授や会社の社長が書いた本ばかりを読んでいたので、僕は「東大生が書いた」という本を読む機会がなかなかありませんでした。でもこの本を読んで、「ああ、大学生はこういう風に議論を見るのか」と新鮮な驚きを得ました。

吉田雅裕著　東洋経済新報社

江口克彦著『正統派リーダーの教科書』という本には、「松下幸之助の最強参謀が明かす成功法則」という帯コメントがついています。こんな風に、本物の帯コメントは**本の内容以外のこと**も書かなければなりません。みなさんは、「その本のまとめ」「著者が本当に言いたかったこと」に専念できる分、**本物よりも本物らしい「帯コメント」を作る権利を持っている**のです。

そうはいってもやっぱり難しい！　という人のために、僕が「この帯コメントはいいな」と思った帯コメントを2つ紹介します。

内田樹著『街場の文体論』→言語にとって愛とは何か？
江口克彦著『正統派リーダーの教科書』→必要なのはテクニックではなく人間力。

この帯コメントからわかるのは、以下の2つのことです。

1つ目は、**わざと「?」で終わらせても要約になる**ということ。「?」の答えを提示するのがこの本だ、と紹介すれば、文字数を少なくできます。

2つ目は**「ではなく」と入れる**こと。「要約読み」でも紹介しましたが、著者の言いたいことはかなりの確率で「今の常識に対抗するもの」です。なので、「リーダーに求められているのはテクニックだ」という常識を覆したい著者ならば、それを「ではなく」で表現するとうまく紹介できます。

このようにして「帯コメント」から学んだ後は、自分が読んだ本にも応用してみましょう。

西野亮廣著『革命のファンファーレ　現代のお金と広告』
↓この大変革の時代に、未来をデザインするためにはどうすればいいか?

デービッド・アトキンソン著『新・所得倍増論』
↓日本は成熟国家ではなく、まだ発展の余地に溢れている

いかがでしょうか? 「アウトプット要約」のため、さまざまな本の帯コメントに注目してみるといいと思います。そうやって「こんな風にまとめればいいのか!」というまと

め方を知れば、きっとより良い「帯コメント」が作れるようになるはずです。

それでもまだ「できるかな？」と心配な人は、**Twitterでこの本『東大読書』のまとめを発信**してみてください。**「#東大読書」**でつぶやいてくれれば、僕が可能な限りチェックしてコメントさせていただきます。

それで大丈夫なら、みなさんはきっとどの本でも「アウトプット要約」ができるはずです！　ぜひ実践してみてください！

東大読書
Point56

「帯コメント」を作れば、その本の内容は一生忘れない！

「自分なりの結論」を出そう！

さて、最後の議論読みは**「自分なりの結論」**です。

この読み方に至るまで、みなさんは多くのことを学んできたと思います。しかし、この読み方はそのどれとも違います。

この読み方は、**「著者と議論する」読み方**です。

・「著者と議論する」とは

「著者と議論する」とは言いましたが、実はみなさんは日常的に著者と議論しています。「感想」です。感想を表現するプロセスの中には、実は**「著者との議論」が存在しているん**です。

本の感想を表明するというのは、**「自分の感情を明らかにする」**ということに他なりません。著者の考えに同意できたのか？　著者の話の中で何が面白かったのか？　そういったことを表明するのが「感想」です。

そして、「感想」を考えるためには、**「自分が著者の考えに同意できたのかどうか」という「結論」**を出さなければなりません。

著者の意見を正しいと感じたのか、それとも間違っていると感じたのか？　その結論は、実はみなさんの中では出ているはずなんです。それをはっきり言葉にしてはいないだけで、**「感想」を考えるとき、言うとき、みなさんの中では議論は終わっているのです。**

たとえば、この本を読んで「この読み方で読解力がつくとは思えない！」という感想を持ってAmazonレビューに星1をつけたとします。それは、著者である僕の「東大読書で誰でも読解力が身につく！」という主張との議論で、自分なりに「東大読書で読解力は身につかない」という結論を出したということに他なりませんよね？

また、STEP4「クロス読み」で論点を列挙することを紹介しました。1つの論点について、いろいろな本で賛成・反対・中立など、意見が分かれているのだと。

1つの本を読んで「たしかにそうだと思った」と星5のレビューをつけたとするならば、「著者の『この論点について賛成だ』という立場に同意する」ということに他なりません。

まったくそういうことを考えていなくても、議論している意識がなかったとしても、**実は知らず知らずのうちに議論して結論を出しているのです。**

・議論は「自覚的」にしよう

この、「知らず知らずのうちに」というのが、実は大きな問題です。

読書の際、みなさんの多くはこういう「議論」に自覚的ではありません。僕も昔はそうでした。「なんとなく」書いていることがわかれば「そうなんだー」と無自覚に同意して読んでいました。

でも、**それってとても怖いこと**じゃありませんか？　自覚しないうちに自分の意見が固まってしまうのです。**考えていないのに、勝手に方向性が決まってしまう**のです。

この状況では、「自分で考える」とか「本から得た知識を自分なりに使いこなす」というのは難しいのです。

僕はみなさんがこの本にどういう評価を下したとしても文句はありません。Amazonで酷評されても何の文句もありませんし、言う権利もありません。

でも、**よく知らないまま、議論もしないままに「良かった」とか「悪かった」とか評価を下されるのは、とても悲しい**です。肯定するにしても否定するにしても、きちんと議論をしてほしい。

無自覚に「へえ、そうなんだ」で終わるのではなく、「この点は同意できるな！」「これは正しいな！」「ここは違うんじゃないか？」と議論した上で結論を出してほしいのです。そうでないと、「自分で考える」ことにもなりませんし、「本から得た知識を自分なりに使いこなす」こともできません。

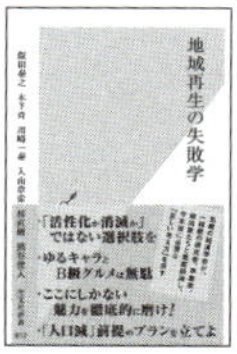

地域再生の失敗学

地域創生について「こういう成功例があるよ！」という本はたくさんありますが、「失敗」をまとめた本は少ないです。この本を読んだ上で他の地域再生の本を読めば、「議論読み」に深みが出るでしょう。

飯田泰之他著　光文社

何度も申し上げますが、「知識」と「情報」は違います。無自覚に「議論」しても「情報」は「情報」のまま。**意識的に「議論」することで「情報」を「知識」にできる**のです。

そして、自覚的に議論するための「準備の仕方」を、みなさんはもう知っているはずです。STEP1で「仮説」を作り、STEP2で「質問」を考え、STEP3で相手の話を「整理」し、STEP4で相手の話を「検証」しました。**これまでのすべてが、この「議論」のための準備だった**のです。

最後に、あなたの力で、**自分なりの結論**を出してみましょう。

・「自分なりの結論」の出し方

では具体的に、「自分なりの結論」の出し方を見てみましょう。といっても、準備はもうできているので、これだけです。

①STEP4「クロス読み」の交錯ポイントのまとめを見る
②すべてのSTEPを踏まえて、その本の意見が正しいかどうかを判断してみる

たったこれだけですから、**今までのSTEPをちゃんとやっていれば、もうできるようになっているはず**です。

「いきなり結論とか、正しいかどうかの判断とか、自分だけではできないよ！」

と思う人もいるかもしれませんが、**ここまでのSTEPを踏んでいれば必ずできます**。

たとえばSTEP4、同じ分野の本を読む「パラレル読み」や論点を整理する「クロス読み」を実践すれば、著者の考えと対立する意見はどのようなものなのか、あるいは著者の考えのどこが他の人に同意されているのかを理解することができると思います。

STEP2で「質問読み」を実践していれば、不思議に思ったポイントがあったはずです。その不思議に思ったポイントを解消しないまま論を展開していたのなら、「そこのところがボカされていたので、間違っているかもしれない」と判断してもいいのです。

STEP3で要約した内容やSTEP1で作った仮説、STEP5の「答え合わせ」なども、本の内容をきちんと理解する一助になるはずです。

今までのSTEPをすべて踏まえて、「自分はどれが正しいと思うか」という結論を出してみればいいのです。

たとえば、

「トランプ大統領の外交政策」

・対外的に強気な姿勢で臨むトランプ大統領は、多大な迷惑をかけている！（Aの本の30ページ）
・アメリカ国民にとっては、求めていた強い外交政策である（Bの本の45ページ）
・短期的にはアメリカ国民を喜ばせる外交だが、長期的な視野で見ると軋轢を生んでいるためアメリカのためにならない外交である（Cの本の102ページ）

という交錯ポイントがあったとして、Aの本を読み終わったタイミングで、この論点に対してAが正しいかどうかを自分なりに考えてみるのです。

『パラレル読み』していたCの本と合わせて、やはりAの本の意見は正しいだろう」と判断するならそれもオーケー。「Bの本の意見と対立するし、『質問読み』したときに『迷惑』の内容が結局具体的に何なのかわからなかった。なので、Aの本の意見は一概に正しいとは言えないな」と判断するのもオーケー。自分なりの結論を出してみればいいのです。

その結論が正しいか間違っているかは考えなくてかまいません。なぜなら、**あくまでも「自分なりの結論」だから**です。

自分の考えを表明するのが「感想」なのであって、「正しい感想」を出そうと思う必要はないのです。**「議論しよう」「アウトプットしよう」と意識して、最後に自分なりでいいから「結論」を出す、その過程が重要**なのです。

「自分なりの結論」をきちんと出せる人こそが、ちゃんと本と議論することができ、読んだ内容を自分の知識にできる人間なんです。

東大読書
Point 57

交錯ポイントに「自分なりの結論」を出してみよう！

以上3つが、「議論読み」です。今までのSTEPを踏まえてこれらを行えば、「読みっぱなしで読んだ内容を忘れてしまう」ことがなくなります。ぜひ、実践してみてください！

THE UNIVERSITY
OF TOKYO
READING TECHNIQUES

PART
2

東大流「読むべき本」の探し方

THE UNIVERSITY OF TOKYO READING TECHNIQUES

METHOD 0

「得るものが多い本」をどう探すのか

さて、PART1で「本の読み方」を解説しましたので、ここからは**「本の選び方」**です。このPART2では、「選書」、つまり**「どうやって本を選べばいいのか」**を紹介していきたいと思います。

しかしその前に、みなさんに1つ質問です。みなさんは、どういう選書が理想的だと思いますか？

1年の間に日本で出版される本の数は、およそ8万冊だと言われています。書店に行くと、本の多さに圧倒されますよね。「こんなにたくさん本があって、いったいどの本を選べばいいんだろう？」と悩んだ経験、みなさんにもあるのではないでしょうか？

僕も昔は、「こんなに本があって、どうやって本を選べばいいのかわからない！」と嘆いていました。

いったい、どんな選書が理想的なのでしょうか。

1つの答えとして考えられるのは、**「自分が得るものが多い本を選ぶ」**ということですね。誰にとっても、読んで少しでも多く自分の知識が増える本を選ぶことが望ましいと思います。また、「考える力」もつけばなおいいと思います。

しかし、**「得るものが多い本」というのは人によって違います**よね。

たとえば、経済学についてよく知っている人が『経済学入門』という本を読んでも、得るものは少ないはずです。逆に、経済学についてよく知らない人からすれば『経済学入門』という本を読むことで得られる知識は多いはずです。

また、**偏った読書では得るものも少ない**です。

「経済学入門」にぴったりな本だったとしても、4冊も5冊も似たような内容の本を読み続けたのでは知識は増えませんよね。また、同じ内容では「これもう知ってるよ」となって、自分で考えようとしなくなってしまいます。

さらに、30年前の『経済学入門』よりも去年発売された『経済学入門』のほうが、フレッシュな知識を得ることができます。逆に、古い経済学を知りたいという場合もあるでしょう。そういう場合には30年前のほうが多くの知識を得られるかもしれません。

本当に得るものが多い本というのは、**人によって、その時代・状況によって変わってしまう**ものなのです。

つまり、**「自分が得るものが多い本を選ぶ」ためには、「そのときの自分に合った本」を選ばなければならない**のです。

そう、**理想的な選書とは、「自分に今必要な本」を選ぶこと**なのです。そしてそのためには、「自分には今、どんな本が必要で、どんな本を読めば知識が多く得られるのか、考える力がつくのか」を考える必要があるのです。

「なんだか難しそう」と思う人もいるかもしれませんが、大丈夫です。今から紹介する5つの選書テクニックを身につければ、誰でも「そのときの自分に合った本」を選ぶことができます。今から紹介する5つのテクニックで、理想的な選書をしてみましょう！

東大選書
Point 1

「今、自分に合った本」を選ぶのがベスト！

THE UNIVERSITY OF TOKYO READING TECHNIQUES

METHOD 1

売れている本・ベストセラーを選ぼう！

みなさん、**売れている本を読みましょう。多くの人が読んでいる本がいちばん**です。

……なんて言うと、「え？　そんなことでいいの？」と思われるかもしれませんが、これが真理です。身も蓋もない、ごく当たり前の話ではあるのですが、**今売れているベストセラーを選ぶのがいちばん賢い選択**なのです。

1 なぜ「ベストセラー」なのか？

僕は東大に入って、いろいろな人と本について語り合ってきました。東大で45年続く書評サークルに入り、編集長としてさまざまな本を読み、さまざまな本の感想に触れてきました。

そんな僕が、紆余曲折の果てにたどり着いた真理が、**「今売れている本を読む」**です。

誤解しないでほしいのですが、**「今売れているベストセラー」＝「良い本」だとは限りません**。

売れているけれどもあまり良い知識が得られない本も多いです。多くの人が「いい」と言うからといって本当にいいものだとは限りませんし、あなたが読んでも得られるものが少ない本も含まれていると思います。

しかし、売れているものには、つまり、「いい」と評価されているものには、絶対に**それなりの理由**があります。その本を多くの人が「いい」と言ったのなら、その本の中には多くの人が「いい」と言う理由がどこかに隠されているのです。**それを知るのは、どんな**

人にとってもプラスになります。

多くの支持を集める主張や意見が正しい、と言う気はありません。しかし、**多くの支持を集める主張や意見を知っておく**ことは無駄にはなりません。自分がどういう「結論」を下すにしろ、**「世の中の〝今〟の空気」**を知ることで、その分野やその問題に対して理解し、自分で考える契機になるのです。

PART1のSTEP4「クロス読み」で、「論点」についてお話ししたのを覚えていますか？

本を読めば読むほど、**主張と主張とが交錯するような「論点」**が登場します。

「知識は広く持つべきか深く持つべきか」「トランプ大統領の外交は善か悪か」「これからのAI時代で生き残るためには、どんな知識を持つべきなのか」……本によって、著者によって意見の分かれる論点はたくさんあります。

しかし、**その論点を理解する上で、「何が主流な意見なのか」を知っておくことは大切**です。「知識は広く持つほうがいい、という本が最近は売れている」「トランプ外交は悪、という主張のほうが主流」という風に、それが本当に正しいかどうかはともかく、**多くの人がどちらが正しそうだと考えているのかを知る**ことで、その論点をより深く知ることが

できるようになるのです。

2 ベストセラーは「毒」か「薬」のどちらかだ

また、「ベストセラー」にはもう1つ読むべき意味があります。それは、**ベストセラーは必ず「議論を呼ぶ」**ということです。

とある出版関連会社の社長に聞いた話ですが、**「ベストセラー」は肯定的な評価ばかりでなく、批判的な評価を下されることも多い**そうです。

たとえば、「ベストセラー」と呼ばれる本の中で、Amazonで星4・星5レビューばかりがつくものはとても少ないそうです。「ベストセラー」として名を残す本は、どれも星5レビューばかりでなく、星1・星2レビューもつくことのほうが多いとのこと。

「毒にも薬にもならない」という言い方があります。益になるわけでも害になるわけでもなく、あってもなくてもどうでもいいものの例えです。

それで言うのであれば、**ベストセラーというのは「毒か薬か」ではある**わけです。決して「ただの水」ではない。読んだ人の心に、肯定的な感情であれ否定的な感情であれ、危機感であれ嫌悪感であれ、**何らかの感情**を残す。「へえ、そうなんだー」と万人が思うものではなく、「そんなことはない！　これは間違っている！」と一定の人数が思うものであることのほうが多い。**ベストセラーとは、往々にして「議論を呼ぶ」本**なわけです。

たとえば、増田寛也編著『地方消滅』は25万部を売り上げたベストセラーです。

この本は、「このままでは896の自治体が消滅してしまう！」とショッキングなデータを提示して、地域の消滅の可能性や地方創生の必要性を説く本だったわけですが、その後、この『地方消滅』を批判する本もたくさん出版されました。

「地方は消滅なんかしない！」と真っ向からこの本に対抗する本も少なからず出版されています。どの意見が正しいのかはわかりませんが、しかし1つ言えることは**『地方消滅』は1つの議論を喚起した本**だったということです。だからこそ多くの人に読まれるベストセラーになったのですし、また読む価値が生まれたわけです。

本当に読むべき価値のない本というのは、**誰にも何の感慨も残さない本**です。誰もが知っている、誰が読んでも同意できる、誰もその本を否定しようとは思わない本こそ、読む

地方消滅

データを示しながら、日本がいかに危機的状況にあるのかを綴った1冊です。この1冊を読むと、「どうすればこの危機的状況を打開できるんだ?」と「疑問」を覚え、他の地域創生の本がすごく読みたくなります。

増田寛也編著　中央公論新社

意味のない本なのです。

「1＋1は2だ」とだけ書かれた本を読んでも得られるものはありませんよね？　それこそただの「水」です。それよりも、「実は1＋1は2じゃなかったんです」と言われたほうが、「え、ホントに？」「そんなバカな」となって、読む価値が生まれるわけです。「薬」ではなく「毒」かもしれませんが、それでも**「水」よりは読む意味がある**わけです。

そしてベストセラーならば、**どんな「議論」を喚起しているのかを調べる**こともできます。肯定的なレビューも否定的なレビューも含めて、ネット上には数多くのレビューがあるはずです。それを読めば、その**ベストセラーが喚起している「議論」が何なのか**も理解することができるのです。

3 ベストセラーは「次の本」への道しるべになる

だから、みなさんも**「今売れているベストセラー」**を選んでみましょう。

もちろんそれを「正しいもの」と受け入れるのではなく、「記者」になったつもりで「なぜ今、その本が売れているのか？」を**「疑問」**として持ちながら読み、他の本を読みながら

「論点」を整理し、「なぜこの本が今売れているのか？」を**検証**し、**自分なりの結論**を出してみるようにしましょう。

そうすると**「考える力」**もつきますし、「今の時代に受け入れられる本とはどういうものなのか？」「今の時代に、その本がどういう議論を喚起したのか？」がわかります。

そうすれば、**「ベストセラー」の次に自分が読むべき本も自ずと見えてくる**はずです。

「今度はこれに対抗する本を読んでみよう！」「この主張の根拠になっているという、こっちの本を読んでみよう！」と、「ベストセラー」を読んだ後にどんな本を読めば得られる知識が多いかもわかるのです。

というわけで、まずは「ベストセラー」から始めてみましょう。

僕がこの選書で選んだ本

デービッド・アトキンソン著『新・観光立国論』（東洋経済新報社）

6万部以上売れているベストセラー。「日本は観光でやっていける潜在能力が

あるのに、それを活かせていない」という主張のもとで、「観光でお金を儲けるためにはどうすればいいか？」が惜しみなく書かれたこの本は、名著と呼ぶにふさわしい1冊です。

この本がベストセラーになった理由は、やはり「日本人では気がつけないこと」を「イギリス人アナリスト」という「外」の目線から提言しているところにあると思います。外国人の価値観で日本を分析して、日本人の感覚ではわからないことを教えてくれるこの本からは、さまざまな発見があります。

東大選書
Point 2

ベストセラーは「今」を知ることができ、次の本への道しるべにもなる！

METHOD 2

信頼できる人のレコメンデーション

唐突で申し訳ないのですが、僕は先ほど、1つ嘘を吐きました。

「『自分には今、どんな本が必要で、どんな本を読めば知識が多く得られるのか、考える力がつくのか』を考える必要があるのです」と言いましたが、それは少し違います。

たしかに考える必要はあるのですが、それは必ずしもあなたが考える必要はありません。

他の人に、あなたがどんな本を読むべきかを考えてもらってもいいのです。

1 他の人に考えてもらう、とは？

たとえば、あなたが経済学について学び始めてみようと思い立ったときに、どの本を選べば経済学を学べるかなんてわかりませんよね？　せいぜい、「『経済学入門』というタイトルの本を探してみよう」というくらいだと思います。

しかし、近くに経済学についてもう学んだ友達がいたらどうでしょう？　その人に、「どの『経済学入門』がわかりやすかったか」を聞いたほうが、いい本を選べると思いませんか？

さらに、あなたの感性がその友達と似ていた場合、きっとその友達がオススメする『経済学入門』は、さぞあなたにとってわかりやすい本であるに違いありません。得られる知識も多いはずです。

今自分が何を読むべきか、どう本を選んでいいかがわからないのなら、もう**選書を他人任せにしてもいい**のです。

人間、自分のことは自分がいちばんわかっていると思いがちですが、実はそんなこともありません。自分ではわからない自分の嗜好・弱点も存在します。他人が「お前、この本きっと気に入ると思うよ」と選んでくれた本が一生を左右する運命の1冊だった、という話も多いです。

東大生の中でも、**「相手に合う1冊」をプレゼントし合って、感想を言い合うというゲーム**がけっこう盛んに行われています。僕もよく、「こういう本が読みたいんだけど、心当たりはないか？」と友達に聞かれますし、逆に僕も聞いたりします。

そういう本のほうが新鮮で面白い場合が多いですし、また友達と感想を共有することができます。そのほうが頭に残りやすく、**その本の知識を自分のものにしやすい**のです。

2 知り合い以外に教えてもらう方法

これは必ずしも、現実の友達や家族にお願いしなければならないわけではありません。今の時代、**ネットやSNSでいくらでも「信頼できる人」を見つける**ことができます。

……なんて言うと、ちょっと怪しそうだと考えるかもしれませんが、なんてことはありません。自分と感性が似ている人、自分が学習したい分野について権威のある人、自分の

知的複眼思考法

東大の先輩からオススメされて読んだのですが、「論理的思考」「多角的なものの見方」といった物事のとらえ方・勉強の仕方を体系立てて教えてくれる良書でした。「仮説」を立てて検証するのも、『東大読書』と「パラレル読み」してみるのもオススメです。

苅谷剛彦著　講談社

考えとはまったく違う新鮮な考えを持った面白い人。ネットではさまざまな人を見つけることができます。その人がどういう本を紹介しているかを確認してみればいいのです。

たとえば**「この本はいいな!」と思った本のAmazonレビュー**を見てみて、自分と同じ感想を持った人を探してみましょう。**その人はきっと、あなたと似たような感性を持った人**なはずです。その人の他のレビューを追ってみて、あなたが読んでいない本に高い評価をつけていたら、今度はその本を選んでみるのです。その本はきっと、あなたにぴったりな1冊なはずです。

先ほど「ベストセラー」をオススメしましたが、それも言ってしまうならば「他の人に、あなたがどんな本を読むべきかを教えてもらう」という行為の発展形です。

多くの人がその本を「いい」と評価しているのであれば、あなたと価値観が似ている人も「いい」と評価している可能性が高いですよね? だから、その「ベストセラー」も、あなたが「いい」と判断する可能性が高いわけです。

または、**本の中で紹介されている本**を読むのもいいと思います。

自分が読んで面白いと感じた本の中で、「この本を読んだ次は、ぜひこの本を!」と紹介されていたら、素直に受け入れてその本を読んでみましょう。**自分が読んで面白かった**

本の著者というのも、一種の「信頼できる人」です。その人のオススメを読むのもプラスになるはずです。

選書は、自分の中ですべてを完結させる必要性はまったくありません。

むしろ、**自分が信頼できる人に選んでもらう**というのもオススメです。なので、まずは**自分が信頼できる読み手**を探してみましょう。友達でも家族でも、ネット上の人でも問題ありません。誰かに聞いてみるというのも、有効な「選書テクニック」なのです。

僕がこの選書で選んだ本

ＮＨＫスペシャル取材班著『マネー資本主義』（新潮社）

僕と価値観が似ている大学の友達がオススメしてくれた本ですが、すごく勉強になりました。

リーマン・ショックという未曾有の金融危機がどのようにして起こされたのか、誰が「犯人」だったのかを徹底して暴いていく姿は圧巻でした。この本と他の「リ

ーマン・ショック」の本を「検証読み」で同時に読むと、より深く経済のことを勉強できるようになると思います。

東大選書
Point 3

知人・他人を問わず、「信頼できる人」に選書してもらおう！

THE UNIVERSITY OF TOKYO READING TECHNIQUES

METHOD 3

時代を超えて読み継がれている古典

ベストセラーというのは、「今」を知ることのできる本でした。「どうして今、その本が流行っているのか」「その本が、今の時代のどういう問題に焦点を当てて、どういう議論を喚起しているのか」を理解することができるのが「ベストセラー」だったわけです。

それに対し、**「時代を超えて読み継がれている古典」というのも、読む価値のある素晴らしい本**なのです。

1 時代を超えた価値がある

古典というのは、古いものです。50年前、１００年前の作品を、今の時代になって読む意味は、一見ないように思えるかもしれません。

しかし、**「時代を超えて読み継がれている古典」というのは、「時代を超える」だけの力が、「時代の流れに負けない」だけの魅力がある作品**だということ。いくつもの時代を生き抜くだけのエッセンスが詰まっている場合が多いのです。

たとえば、トランプ大統領就任後、60年以上前に出版されたジョージ・オーウェルの『一九八四年』がアメリカで再ヒットしました。古典的な作品ではあっても、今の時代に必要な知識、今の時代においても突きつけられる問いが存在したからこそ、時代を超えて再ヒットしたわけです。

一九八四年 新訳版

SFの最高峰とも呼ばれる小説です。フィクションなのに非常に生々しくて、読んでいて冷や汗が止まらなかった覚えがあります。これが現実のものになったら……と考えるだけで怖いですね。
ジョージ・オーウェル　早川書房

2 「今の考え方」のベースになっている

また、古典作品というのは**現代に残る多くの作品の大本になっている、つまり多くの作品に影響を与えている**ものです。

その**古典作品で何が言われていたのかをおさえていけば、そこを基礎にしてどんな本でも読み進められる**ようになります。たしかに今の時代にはそぐわない部分がある場合も多いですが、しかし**アップデートすれば今の時代でも十分通用する**内容になることも多いです。

ドラッカーの『マネジメント』は名著として有名ですが、岩崎夏海著『もし高校野球の女子マネージャーがドラッカーの「マネジメント」を読んだら』で、35年の時を経てまたそのエッセンスが世の中に知られるようになりました。

同じように、昔の作品だからといって学びにならないということはなく、**むしろ今の時代だからこそ読む価値があるという作品も少なくない**のです。

僕がいちばん「この作品は素晴らしい！」と感動した本は、坂口安吾著『堕落論』です。

1947年に出版された本ですが、僕はこれ以上の作品には未だ出会ったことがないと言えるくらい鮮やかに人間の奥底を描ききっており、痛烈に人間の本質を表していると思います。

同じように、東大生に「今まで出会った本の中で、どの本がいちばん素晴らしかった？」と問うと、十中八九古典作品が出てきます。やはり**時代を超えて読み継がれている古典作品はクオリティが高く、今を生きる上で役に立つと考える東大生が多い**ようです。

これらの**古典作品は、どのような分野であれ「考え方のベース」になっている**ことが多いです。すべての学問の「土台」の役割を果たしているのです。なぜなら、古典の文章は普遍的なものとして世界中で受け入れられているものだからです。

なので、これらの古典作品をきちんと自分の知識にすることができれば、**自分の考えの土台を得る**ことにもつながります。どのような分野であれ、古典作品を土台にして自分の考えを作り上げることができるようになるのです。

マックス・ウェーバーを読めば経済学・社会学の土台が手に入り、フィリップ・アリエスを読めば教育学の土台が得られるのです。**その「土台」は、現在のその学問に対する知識を得たり、理解を深めたりすることにつながる**のです。

なのでみなさん、古典を読んでみましょう。

「ベストセラー」と同じですが、**「時代を超えて多くの人の支持を受けている作品」**というのは、**「多くの人がいいと言う理由」**がどこかにあります。それがいったい何なのか？

それを受けて、どうすれば現代で活用できるのか？

そうしたことを考えながら読むことで、多くの知識を得ることができるはずです。

僕がこの選書で選んだ本

坂口安吾著『堕落論』（集英社、岩波書店など）

戦後日本の人々に多大な影響を与え、現代まで続く名著として名高い1冊ですが、現代人こそ読む価値がある本だと感じました。

人間は、生きていかなければならない。それは大事な人を失った人が多かった

1940年代も、神も仏もなく希望が持てなくなった2010年代も同じで、だからこそ「生きよ堕ちよ」と語るこの作品はいつまでも語り継がれていくのだろうと思います。

東大選書 Point4

「古典」に外れなし！

THE UNIVERSITY OF TOKYO READING TECHNIQUES

METHOD 4

今年のマイテーマを決める

さて、本にはさまざまなジャンル・分野が存在します。書店に行くと、「文芸」とか「ビジネス」とか、本棚がさまざまなジャンルに分かれていますよね。

ジャンル・分野が定まっていないと、選択肢は広くなりすぎてしまいます。そこで、「何となく」で分野を選ぶのではなく、あらかじめきちんと「今年はこのテーマ！」と決めておいたほうが、本を選びやすくなるのです。

1 「今年のテーマ」

複数の分野に跨がっていっきに本を読んでも、得られるものは多くはありません。

「検証読み」でも触れましたが、**本というのは1冊ずつではなく、同じ分野の本をある程度いっぺんに読んだほうが、得られるものが多い**のです。

同じ分野の本と本とで比較したり、本同士の論点を整理してみたり。そうやって本を読んだほうが、「ここ、一緒のこと言ってる！」「この話、違う言い方でこっちの本でも言ってたな！」と**「パラレル読み」「クロス読み」をしやすく、頭に入りやすい**のです。

単純に考えて、経済学の本と心理学の本とプログラミングの本を同時に読んでも、得られるものは少なそうですよね。「経済学的にはこれが正しくて……心理学的にはこんな感じで……プログラミングはこうなってて……」なんて具合に本を読んでいても、疲れてしまうだけです。**きちんとジャンル・分野を絞って読んだほうが理解しやすく、自分の知識にしやすい**。

しかし、それだけでは偏った読み方になってしまいます。ずっと経済学ばっかり、心理学ばっかり読んでいても、バランス良く知識を得ることはできません。

そこで、オススメなのが**「今年1年のテーマ」を決めて読む**ことです。

今年1年、いったいどういう知識を得たいのか？　どの分野を勉強したいのか？　それを1年の目標として設定し、読んでいくのです。

1年間はその分野を重点的に勉強しようと意識すれば、書店に行って**どの棚に行けばいいか**もすぐわかりますし、「METHOD2」で言ったような**「レコメンデーション」も得やすい**です。

「この分野を知るのに、どんな本がいいと思う？」と人に聞きやすいですし、その分野の権威のオススメする本を選べば「外す」ことはありません。ある程度「こういう本を読もう」という分野が定まっていたほうが本を探しやすく、またそれを1年ごとに変えていけばバランスも取れるというわけです。

たとえば「経済学について」でも「心理学について」でもかまいません。「哲学について」とか「金融について」とかでも問題ないですし、「人の心の何たるかを知る」とか「資本主

TEDトーク 世界最高のプレゼン術

「伝え方」をマイテーマにしたときに選んだ1冊です。プレゼンテーションの入門として、TEDスピーチの事例を紹介しつつ説明してくれているので、非常にためになりました。文章の書き方にも応用できる点があり、「伝え方を学ぶ」という目的に合った1冊でした。

ジェレミー・ドノバン著　新潮社

義と社会主義、どっちのほうがいいのかを考える」といった風に、自分の中の問いをテーマとして設定するのもアリです。**わかりやすく、具体的な方向性・指針になるような「テーマ」であれば何でもいい**のです。

2 10冊読める期間で区切ろう

「1年間」は長い！　という人もいるかもしれませんが、1カ月で1冊本を読むとした場合、**その分野についての本を12冊程度読む**という目標を設定していることに他なりません。

「もっとたくさんの本を！」「テーマを！」という人であれば、ガンガン短くしてもいいです。半年で1テーマ、3カ月で1テーマ、またはそのテーマについて極めてから次のテーマに進む、というのもアリです。

僕の経験則ですが、**1テーマ10冊程度読めば、その分野についてある程度のことは理解**

できます（もちろん、僕が紹介したような読書術があっての数字ではありますが）。**10冊読んだら次のテーマへ**、というように設定してみてもいいかもしれませんね。

何事にも、「テーマ」というものは重要です。「どういう基準で本を選ぶのか？」「どの分野の本を、どういう目的で読むのか？」をきちんと決めておけば、PART1のSTEP1でご紹介した「仮説作り」のタイミングでも、うまく目標を設定することができます。

みなさんもぜひ、「今年のマイテーマ」を決めてみてください。

僕がこの選書で選んだ本

奥野宣之著『「読ませる」ための文章センスが身につく本』

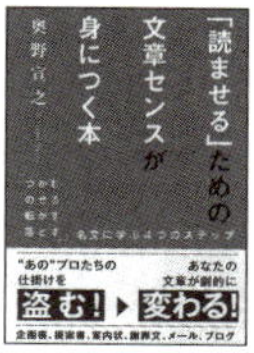

（実業之日本社）

「伝え方」をテーマにして本を読み、コミュニケーションやコピーライト・オウンドメディアについての本を読んでいる途中で出会った1冊。「装丁読み」で「わかりやすく、伝わりやすい文章を書くことよりも、『読んでもらえる』文章を書くほうが大切！」と書いてあって「ん？　どういうこと？」と思ったのですが、読んでいくとその意味がよくわかるようになり、「なるほどな！」と感じた点が印象的でした。

東大選書
Point 5

期間を区切って「マイテーマ」を決め、集中的に読んでいこう！

THE UNIVERSITY OF TOKYO READING TECHNIQUES

METHOD 5

「読まず嫌い」を避ける

食べ物と同様に、本にも**「読まず嫌い」**というものがあります。

「古典的な文章は苦手だ」とか、「厚めの本は手に取るだけで億劫だ」とか、「IT関連の本はちょっとな……」とか、人によってさまざまな「読まず嫌い」があると思いますが、しかしそれではいけません。

「食べず嫌い」だと栄養が偏ってしまうのと同様に、**「読まず嫌い」だと読書が偏ってしまいます**。「自分にとって読みやすい本」ばかりを選んでいると、**知識が偏ってしまいがち**なのです。

1 知識は深いほうがいい？ 広いほうがいい？

知識は深くするべきなのか、広くするべきなのかという論争は、いつの時代にもありました。専門的な知識を得るべきなのか、それとも教養として広く知識を持っておくべきなのか。その問いの答えは、おそらく人によって分かれることと思います。

しかし1つ言えることは、**浅いよりも深いほうがよくて、狭いよりも広いほうがいい**ということです。深く広く知識を持っているほうがいい、というのは、おそらく同意してもらえると思います。

先ほどの「METHOD4 今年のマイテーマを決める」は、**知識を深くするためのもの**でした。1つの分野に絞って本を読んでいくということは、「深い知識」を得るためのものだったわけです。

逆に、ここでオススメしているのは**「広い知識」を得るためのもの**です。偏りなくいろんなことを知るために必要なテクニック、というわけです。

そこでオススメなのは、**「来年のテーマを探すために、わざと忌避していた本を読んで**

みる」ということです。

1年のマイテーマを、**自分が今まで見知っているジャンルの中から選んでしまうのはもったいない**です。自分にとって既知の、もう知っている知識ばかりを得てしまうことになりかねません。

なので、**来年のテーマを探すという目的のために、わざと自分のマイテーマからは外して、今まで読んでいなかった「読まず嫌い」な本を選んでみる**のです。

今、世の本棚には「この分野について苦手な人はこの本を読むといいよ！」とか「これは古典ではあるけれど、古典らしくない文章で、古典の入りとしてはうってつけだよ！」とか、そういう**「自分の苦手の克服につながる本」**というのが数多く存在しています。まずはそれからはじめてみるのはどうでしょう。

「食べず嫌い」同様に、読んでみると意外に美味しい！　読める！　ということもあります。その分、はじめの1冊は慎重に選ばなければなりませんが、しかし苦手でも何でも、1回読もうとしてみるというのが重要です。

何事も経験、と言います。苦手な本を読むこともいい経験になるわけです。

慣れ親しんだテーマや好みの本よりも、案外そういう**「読んだことのない本」のほうが得られる知識量は多い**ものです。読んだことのない本を読むことで**脳が刺激**されたり、**新**

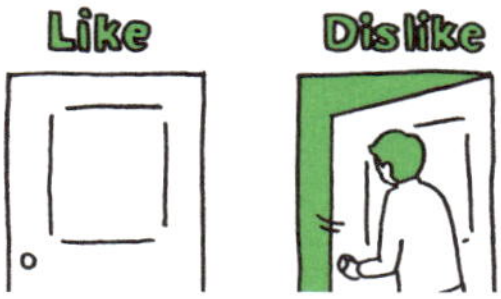

しい知識が新しい思考を開くことにつながったり、**今まで読んでいた本の見方が変わったり**と、多くの点で自分にとってプラスになることが多いのです。

「そうはいっても、自分が『読まず嫌い』にしている本ってあるかな？」という人もいると思います。そういう人のためにオススメなのは、**「読まず嫌いチェック表」**です。

2 「読まず嫌いチェック表」の作り方

「読まず嫌いチェック表」は、3ステップで誰でも簡単に作ることができます。

1　まず、図表10のように、縦と横でクロスさせた軸を書く
2　縦軸・横軸に「対立する本のテーマ」を書く
3　その軸を参考にしながら、最近読んだ本がどこに入るのかを考え、書き加えていく

軸の例はこんな感じです。

・過去⟷未来
・文系的⟷理系的
・フィクション⟷ノンフィクション
・日本的⟷世界的
・男性読者が多そうな本⟷女性読者が多そうな本
・随筆的⟷評論的

オススメなのは、**「過去⟷未来」「文系的⟷理系的」**の2つの軸です。

これに沿って、たとえば「歴史についてだから、過去で文系的な本だな！」「ＩＴについてだから、未来で理系的な本だな！」などと書いていきましょう。

図表10 「読まず嫌いチェック表」の例

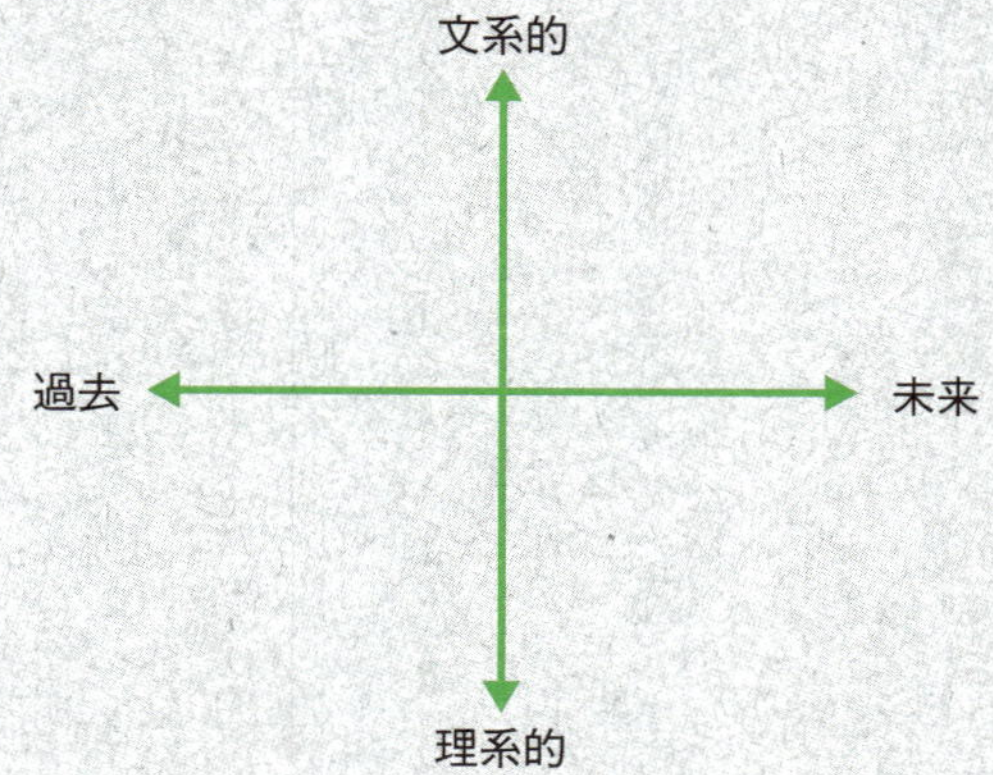

この表を作ることができれば、「過去×文系の本ばかり読んでいる！」「未来×理系の本は全然読んでいない！」と、**自分が「読まず嫌い」にしている分野がわかる**ようになります。その本を読んでみればいいのです。

たまにはマイテーマや自分の好みからは離れて、**まったく読んだことのない「読まず嫌い」な本にも手を出してみましょう**。案外ハマったり、好きになったりするかもしれませんよ！

僕がこの選書で選んだ本

ティナ・シーリグ著『20歳のときに知っておきたかったこと』（CCCメディアハウス）

「日本人著者×保守的」な本ばかり読んでいた僕が、「読まず嫌い」をやめるために選んだ「外国人著者×革新的」な本がこの1冊です。

「問題というのは見方を変えればチャンスである」という、まさに「挑戦こそ人生！」というような本でしたが、日本的で保守的な本ばかり読んでいた僕にとっては「新しい風」になるような本でした。

東大選書
Point6

自分の読書傾向を「2軸」で分析し、空いている箇所を読むことで「読まず嫌い」をなくそう！

以上の5つの選書テクニックで、あなたが今読まなければならない本・読んで多くの知識を自分のものにできる本を選ぶことができるようになります。ぜひ、実践してみましょう。

特別付録

「読む力」と「地頭力」をいっきに鍛える
東大読書／東大選書のポイントを一挙に掲載！

東大読書

東大読書 Point 1

本の読み方を変えるだけで、「地頭力」と「本を読み込む力」がいっきに身につく！

東大読書 Point 2

「地頭力」と「読み込む力」は、「5つの読み方」で鍛えられる！

東大読書 Point 3

「本や文章が読めない問題」の原因の9割は、「準備不足」。

東大読書 Point4

東大生が文章を素速く、かつ正しく読めるのは、「読む力」が優れているからではなく「文章の外からヒントを得る力」があるから！

東大読書 Point5

装丁読みで「ライト」を、仮説作りで「地図」を入手すれば、どんな本も読解できる！

東大読書 Point6

表紙に書いてあるのは、たくさんの情報が得られる言葉ばかり。タイトルはその本の内容を一言で表した、とても重要な情報！

東大読書 Point7

できるだけ多く、表紙から情報を得よう！そのために、きちんと付箋に残しておこう！

東大読書 Point8

表紙から情報を引き出すためには、分けて、つなげて、深読みすればいい！

東大読書 Point9

付箋で残しておき、一覧にしておくことでヒントが使いやすくなる！

東大読書 Point10

本の受け取り方・内容は読者によって全然違う。仮説作りの結果は、人によって違って問題ない！

東大読書
Point 11

「目標」→「道筋」→「現状」の順番で設定していく！
仮説は、読みながらどんどん修正していく。

東大読書
Point 12

本とは、現在の自分と距離が遠いものに触れるためのもの。
だからこそ目標から先に設定し、そこから逆算しよう！

東大読書
Point 13

「装丁読み」はミクロな視点、「仮説作り」はマクロな視点。

東大読書
Point 14

本の「読者」になるのではなく、本の「記者」になるべし！

東大読書
Point 15

姿勢を正すことで、読書の効果は倍増！
前のめり気味になり、背筋も伸ばして、きちんとした姿勢で本を読もう！

東大読書
Point 16

「取材読み」で、感情を込めながら文章を理解できる！
感情がわかると、文章の流れがよくわかるようになる！

東大読書
Point 17

「質問しよう」と思えば、「情報」ではなく「知識」が得られる。

東大読書
Point 18

質問と回答を付箋で対応させ、重要な質問はノートに写しておく。

東大読書
Point 19

「最初に提示された質問」「回答が複数ありそうな質問」「議論が分かれそうな質問」は、良い質問になることが多い！

東大読書
Point 20

著者にとって「良い質問」ができるのが、良い読者。「良い読者」になれば、論理の流れがクリアにわかる！

東大読書
Point 21

「疑わしいこと」に疑問を持ち、自分で調べるのが「追求読み」。

東大読書
Point 22

質問を考えると読解力が、疑問を考えると思考力が高まる。

東大読書
Point 23

調べるのは「最後まで残った疑問」だけでいい！

東大読書
Point 24

「追求読み」は、東大でも頻繁に使われる実践的なトレーニング！

東大読書
Point25

短い言葉で言い表せなければ、理解していないのと同じ。

東大読書
Point26

本は長いので「わかった気」になりがち。

東大読書
Point27

本は「魚」であり、「身」と「骨」がある。
「骨」は言いたいことで、「身」はそれを補強するもの。

東大読書
Point28

整理読みとは、「著者の言いたいこと」と「それを補強する言説」を切り分けること。
整理ができてはじめて、自分の意見を持つことができるようになる！

東大読書
Point29

「要約」も「推測」も、訓練すれば誰でも身につけられる技術！

東大読書
Point30

節・章の要約的な一文を探し、部分的なまとめを30字以内で書く。
それらを見ながら、140字以内で全体のまとめを書こう！

東大読書
Point31

「最初と最後」「否定の後」「問いかけの文」「装丁読みの付箋」に着目すれば要約が簡単になる！

東大読書
Point 32

「要約読み」で情報の取捨選択に慣れれば、「端的に伝える力」が身につく！

東大読書
Point 33

推測読みは誰でもやっている！　難しい技術ではない。

東大読書
Point 34

「今までの」要約を読み、次の節・章の「推測」を「ノートにまとめ」て、「要約読み」で確認しながら読み進めよう。

東大読書
Point 35

「例示」「比較」「追加」「抽象化・一般化」の4パターンを駆使して次の展開を「推測」しよう！

東大読書
Point 36

「要約読み」「推測読み」を同時並行すれば、常に「整理」しながら読めるようになる！

東大読書
Point 37

同時並行で複数の本を読むことで、「意見の偏り」を避け、「主体的な読書」が可能になる！

東大読書
Point 38

「検証読み」は、実はみんながやっている。決して難しくはない！

東大読書 Point39

「検証読み」は、「記憶の科学」の観点から見ても理にかなっている！

東大読書 Point40

「検証読み」は東大も求める「考える力」を鍛えるのに最適な読み方！

東大読書 Point41

東大生の多くが、「パラレル読み」を楽しんでいる！

東大読書 Point42

パラレル読みは、必然的に「考えながら読む」ことにつながる！

東大読書 Point43

「共通する部分が多い」「でもちょっと違う」本を2冊同時に読もう！

東大読書 Point44

「6つの観点」から「似ているんだけどちょっと違う」2冊を選ぼう！

東大読書 Point45

「パラレル読み」で「共通点」を探し、「相違点」を見つけ、「相違点の理由」を考えれば、自然と「多面的な思考力」が身につく！

東大読書
Point46

クロス読みとは、議論が分かれる「交錯ポイント」を探す読み方！

東大読書
Point47

「交錯ポイント」はノートにまとめることで、ずっと使える「武器」になる！

東大読書
Point48

「交錯ポイントを探す」過程が重要。難しくとらえず、アレコレ考えてみよう！

東大読書
Point49

「交錯ポイント」が広すぎると論点がずれる。
なるべく「ピンポイント」で探すように心がけよう！

東大読書
Point50

「言葉の定義」に立ち返ると「交錯ポイント」が見える！

東大読書
Point51

交錯ポイントは「自分と距離の近い」ところで探すと、
学びが多く応用力が鍛えられる！

東大読書
Point52

本とは会話できるし、そのほうが理解しやすい！

東大読書 Point 53

「アウトプット」すれば、本の内容がより深くわかるようになる！

東大読書 Point 54

感想も立派なアウトプット！
東大生はアウトプットが大好きだから、知識を得られる！

東大読書 Point 55

「答え合わせ」で目標達成度をチェック&次の目標を設定しよう！

東大読書 Point 56

「帯コメント」を作れば、その本の内容は一生忘れない！

東大読書 Point 57

交錯ポイントに「自分なりの結論」を出してみよう！

東大選書

東大選書 Point 1

「今、自分に合った本」を選ぶのがベスト！

東大選書
Point2

ベストセラーは「今」を知ることができ、次の本への道しるべにもなる！

東大選書
Point3

知人・他人を問わず、「信頼できる人」に選書してもらおう！

東大選書
Point4

「古典」に外れなし！

東大選書
Point5

期間を区切って「マイテーマ」を決め、集中的に読んでいこう！

東大選書
Point6

自分の読書傾向を「2軸」で分析し、
空いている箇所を読むことで「読まず嫌い」をなくそう！

おわりに

「君は、『この本で人生が変わった』という『運命の1冊』に出合ったことがある？」

東大に入って書評誌を編集するにあたって、またこの本を書くにあたり、僕は50人以上の東大生にこう質問しました。

この問いの回答は、十人十色でした。「これという1冊はないな」という学生もいれば、「2冊ある」と答えた人も多かったです。

その際、意外だったのは、**「運命の1冊がまったくかぶらなかった」**ということでした。

普通、50人もいれば何人かはかぶりそうなものですよね？　文学史上有名な作品とか、歴史に名を残す名著とか、同じ作品を挙げる人がいそうなものです。

しかし、まったくかぶらなかった。それどころか、**ジャンルも系統も、かすりもしませんでした**。

たとえばある人は、『氷菓』という米澤穂信さんの小説を挙げました。

この小説は、アニメ化もされた学園ミステリー小説です。非常に読みやすく面白い本ですが、大半の人はこの本で「人生が変わった」とは思わないでしょう。

しかし、**彼はなんとこの本を読んで東大に来た**とか。「この小説のヒロインの将来の夢があまりに自分の思想と似ていて、彼女の理想を実現するために東大に来たんだ」と。

またある人は、ゲーリー・ベッカーの『人的資本』という経済学の本を挙げました。

この本は、経済学的に人間のリソースを考え、犯罪や結婚といったものも経済学でとらえることができるという本なのですが、多くの人はこの本を読んでも「へえ、そういう考え方もあるんだ」というくらいだと思います。

しかし彼は、**「人間というものに対する考え方が変わった」**と語りました。「この本を読んで人に優しくできるようになった」と。

また、僕の大好きな本は坂口安吾の『堕落論』ですが、小説では西尾維新の『恋物語』が大好きです。

この本もアニメ化されたライトな小説なのですが、僕は**この本に救われた**と考えています。「かけがえのない事柄なんてない。人間は、人間だから、いくらでもやり直せる。いくらでも買い直せる」。このセリフに今日まで救われて生きてきたと、本気で思っています。

こんな風に、本当に千差万別、「えっ⁉　その本で⁉」と思うような本で「人生が変わった」と考えている東大生が非常に多かったです。

何気ない本の1節が誰かに刺さることがある。なんでもない本の1ページによって、人生が変わるという人もいる。

だから僕は、こう思うんです。**「本の良し悪しって、読み手によって変わるんだ」**と。

1冊の本を読んで10を知り、自分の地頭力を鍛えられる人もいる。逆に、1冊の本からなんにも得ることができない人もいる。そして、なんでもない本の1節で人生が変わる人もいる。これって、すごいことですよね。同じ本なのに、こんなに違いが出るなんて。

本は変わりません。時代を超えて名著は読み継がれていますし、電子書籍になろうとも「本」それ自体がなくなることはないでしょう。

変わらなければならないのは、「読み手」のほう。本を読む側の人間が変われば、本を読む姿勢が変われば、「読書術」が変われば、**あなたが読む本はきっと「いい本」になるはず**です。

『東大読書』、いかがだったでしょうか。

この本を読むみなさまにとって、この本が「いい本」であったらいいなと願いながら、筆をおかせていただこうと思います。

2018年4月

西岡 壱誠

【著者紹介】

西岡壱誠（にしおか　いっせい）

東京大学3年生。歴代東大合格者ゼロの無名校のビリ（元偏差値35）だったが、東大受験を決意。あえなく2浪が決まった崖っぷちの状況で「『読む力』と『地頭力』を身につける読み方」を実践した結果、みるみる成績が向上し、東大模試全国第4位を獲得。東大にも無事に合格した。

現在は家庭教師として教え子に「『読む力』と『地頭力』を身につける読み方」をレクチャーする傍ら、1973年創刊の学内書評誌『ひろば』の編集長も務める。また、人気漫画『ドラゴン桜2』（講談社）に情報提供を行う「ドラゴン桜2東大生プロジェクトチーム『東龍門』」のプロジェクトリーダーを務め、受験や学習全般に関してさまざまな調査・情報提供を行っている。

著書に『現役東大生が教える「ゲーム式」暗記術』『読むだけで点数が上がる！東大生が教えるずるいテスト術』（ともにダイヤモンド社）、『現役東大生が教える東大のへんな問題 解き方のコツ』（日本能率協会マネジメントセンター）がある。

「読む力」と「地頭力」がいっきに身につく 東大読書
2018年6月14日　第1刷発行
2018年8月16日　第7刷発行

著　者——西岡壱誠
発行者——駒橋憲一
発行所——東洋経済新報社
〒103-8345　東京都中央区日本橋本石町1-2-1
電話＝東洋経済コールセンター　03(5605)7021
https://toyokeizai.net/

ブックデザイン………成宮　成（dig）
イラスト………………加納徳博
DTP………………アイランドコレクション
著者エージェント……アップルシード・エージェンシー（http://www.appleseed.co.jp）
印　刷………………丸井工文社
編集担当……………桑原哲也
　ISBN 978-4-492-04625-8

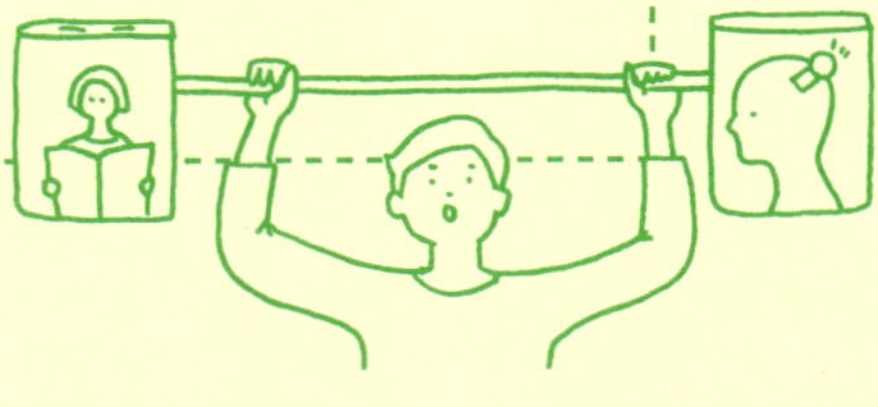